Roland Wagenhäuser

Tritt dem Sündenbock in den Arsch

Wie Resilienz Ihnen zu mehr Erfolg im Leben verhilft

Umschlaggestaltung: Stephanie Hermes
Umschlagabbildung: Stephanie Hermes

Lektorat: Martina Takacs (www.dualect.de)
Korrektur: Sarah Künne

ISBN: 9798644291007

Vorwort

Lieber Leser, liebe Leserin,

lange Zeit fragte ich mich, ob ich wirklich ein Buch über mein Leben und meine heutige Lebenseinstellung verfassen soll, denn so ein Buch ist etwas sehr Persönliches. Aber es sind ja gerade die persönlichen und ehrlichen Geschichten, die einen am meisten berühren und zum Nachdenken anregen, oder? Das ist es auch, was ich in meiner täglichen Arbeit mache: Menschen zum Nachdenken anregen.

Menschen, die zu mir kommen, benötigen – wie es auch mir in meinem Leben oft ging – Impulse von außen. Ich weiß noch sehr gut, was ich das eine oder andere Mal in einer bestimmten Situation dachte, als ich nicht gleich weiterkam.

Ich suchte dann einen Sündenbock, denn es ist so herrlich einfach, Erklärungen von außen zu finden, warum etwas nicht geht – viel einfacher, als sich ernsthaft mit der Sache selbst zu beschäftigen. Meist suchte ich mir in meinem Umfeld Menschen, denen ich die Schuld zuweisen konnte. Oft verwendete ich Sätze wie: "Das funktioniert eh nicht, weil der/die/das ..." usw.

Und wissen Sie, womit das zusammenhängt? Ich sage es Ihnen: Es ist reine Bequemlichkeit. Faulheit. Die Angst vorm Hinfallen.

Heute ist es so, dass ich gerade meinen Kundinnen und Kunden, die entweder für ein Jobcoaching, ein Kommunikationstraining oder ein Telefontraining zu mir kommen, genau dies immer wieder sage: Finde einen Weg, der dich zu deinem gewünschten Ziel bringt. Wenn du weiterhin nach Gründen suchst, warum etwas nicht geht, dann ändert sich genau Folgendes: NICHTS. Aber gerade dafür kommen die Menschen doch zu mir, eben weil sie etwas verändern möchten.

Ich sage nicht, dass es einfach ist. Einfach, weil *einfach einfach einfach* ist? Wer das möchte, der muss weiterhin täglich auf die Werbung warten, die diesen Spruch platziert hat. Aber damit erreicht leider niemand eine Veränderung. Etwas zu verändern ist mitunter ein langer Prozess und eventuell auch ein schmerzvoller. Setze ich mir ein Ziel und mache mich auf den Weg, so kann es zu Komplikationen kommen, die nicht immer toll sind, aber in meinen Augen eindeutig zum Leben dazugehören.

Ich kann mich noch sehr gut an die Worte meines super Neurologen erinnern: „Herr Wagenhäuser, ich freue mich jedes Mal, Ihren positiven Gesichtsausdruck zu sehen. Sie lächeln immer und blicken nach vorn und dabei hatten Sie Krankheiten, die für zwei bis drei Leben reichen würden. Andere wären schon sonst wo heruntergesprungen, aber Sie bleiben immer optimistisch. Sie haben eine richtig große Widerstandskraft."

Aus genau diesem Grund habe ich nun dieses Buch geschrieben, denn mir wurde im Leben nichts geschenkt. Ich stand immer wieder auf, suchte mir Hilfe und fand sie und zwar bei ganz unterschiedlichen Menschen, die nicht etwa deshalb da waren, weil sie einfach so *an meine Tür klopften*, sondern weil ich selbst zu ihnen ging und im übertragenen Sinn an *ihre* Tür klopfte.

Wenn ich mit diesem Buch dazu beitrage, dass mehr Menschen an sich glauben und sich auf ihren Weg begeben, dann hat sich der Aufwand für mich gelohnt und macht mich auch ein Stück weit stolz.

Ach so, was ich Sie bitte, mir nachzusehen: Ich möchte Ihnen kein literarisch perfektes Buch präsentieren und ich erhebe auch keinen Anspruch auf den Literaturnobelpreis. Aber ich erhebe einen Anspruch an mich selbst, nämlich Ihnen mein Leben auf ehrliche Weise aus meiner Sicht zu schildern und Ihnen Anregungen an die Hand zu geben, die für mich gut bis sehr gut funktioniert haben und noch immer funktionieren.

INHALT

Einleitung

Ich betrachte mein Leben als eine mitunter sehr schnelle, spannende und störungsbehaftete Zugfahrt. Die Störungen – sprich: Betriebsstörungen – während dieser Zugreise haben mich aber zu dem Menschen gemacht, der ich heute bin.

Rückblickend habe ich erkannt, dass diese Betriebsstörungen, ganz gleich welcher Ausprägung, etwas sehr Positives hatten. Für mich sind seit vielen Jahren daher auch Sündenböcke, Resilienz und Karriere sehr eng miteinander verbunden.

In einer beruflichen Karriere werden oft Sündenböcke für ein Scheitern benannt und nicht wenige erleiden in ihrer Karriere den einen oder anderen Nackenschlag. Die einen kommen damit sehr gut zurecht und die anderen weniger gut.

Ich freue mich, Ihnen auf den folgenden Seiten schildern zu dürfen, was mir alles widerfuhr und wie ich damit umging.

Teil I: Meine Biografie in Etappen

Ich fange mal an dem Wendepunkt zu meinem heutigen Leben an.

Es ist der 1. Juli 2008 und ich öffne die Augen. Ein junger Arzt, den ich offenbar sehr gut kennen sollte, an den ich mich aber nicht recht erinnere, schaut mich eindringlich an und fragt mich, wer im Endspiel der EM gespielt hat und wer denn nun Europameister geworden sei. Ich habe von beidem keine Ahnung und er erklärt mir, Spanien sei durch ein 1:0 gegen Deutschland Europameister geworden.

Warum ich das nicht wusste? Naja, ich war erst vor Kurzem aus dem Koma erwacht oder besser gesagt zurückgeholt worden und hatte seitdem alles nicht so richtig mitbekommen.

Dann erinnere ich mich an einen anderen Arzt, der mich nur ein paar Tage später mit echter Zuneigung und Herzlichkeit im Blick anschaute. Er war der Oberarzt und hatte etwas sehr Vertrauenerweckendes an sich.

„Lieber Herr Wagenhäuser", sagte er, „Sie haben schon so ziemlich alles im Leben durch: Autounfall, Schlaganfall, Krebs, Bandscheibenvorfall und jetzt diese Geschichte. Sie haben eine große Bürde zu tragen. Machen Sie was aus Ihrem Leben."

An diese Worte muss ich immer wieder denken.

Das war der Wendepunkt und damit Sie wissen, was davor alles passierte, gehe ich mal ganz, ganz weit zurück in meinem Leben, bis – naja, wo fängt das Leben an? Mit der Geburt ja wohl. Schade eigentlich, dass es so richtig zum Anfühlen erst in diesem Moment losgeht, denn die ersten Lebensmomente spielen sich doch eigentlich bereits im Mutterleib ab.

Doof ist nur, dass es mir nicht möglich ist, mich auch nur an den Bruchteil einer Sekunde meines Daseins im Mutterleib zu erinnern. Ich stelle es mir unglaublich schön vor, paradiesisch sozusagen. Man spürt da ein Herz klopfen, die Wärme und man wird, ohne etwas dafür zu tun, durchgehend mit Nahrung versorgt. Herrlich. Es ist quasi ein Dauerurlaub all-inclusive für viele Monate.

Um wie viel heftiger und stressiger muss es dann für ein Neugeborenes sein, in der realen Welt zu landen – und mitunter sicher auch, zu erleben, was da noch so kommt.

Etappe 1: *Frühe Kindheit*

In meinem Fall war es der Beginn einer turbulenten Achterbahnfahrt, die am 26.06.1968 begann, als ich als zweiter Sohn meiner Eltern geboren wurde. Gleich die ersten drei Jahre war ich laut Aussage meiner Mutter jeweils zur Weihnachtszeit im Krankenhaus. Ich litt unter einer Ernährungsstörung und konnte so gut wie nichts bei mir behalten. Diese Stoffwechselkrankheit war wohl lebensbedrohlich und dann entdeckte man durch Zufall, dass ich auch keine normale Kuhmilch vertrug, sondern nur die Dosenmilch der Marke *Glücksklee*. Meine Mutter hatte nun die Aufgabe, diese Milch in alle möglichen Gerichte irgendwie mit einzubinden. Ich war als Kind durch diese Krankheit auch immer sehr dünn oder eher dürr, was man heute kaum mehr glauben mag, wenn man mich sieht.

Als ich diese erste schwere Zeit überstanden hatte, kam meine wilde Phase. Nichts und niemand war vor mir sicher, weder meine Familie, besonders nachts, noch mein Umfeld am Tag. Der Kinderarzt diagnostizierte ADHS.

Ich kletterte auf alles Mögliche, fuhr Rad wie ein Wilder und war mit meinen Eltern, vor allem meiner Mutter, Dauergast im Krankenhaus. Mal hatte ich ein Loch im Kopf, mal einen gebrochenen Arm und einmal auch zerschlagene Zähne, als ich mit einem Tretroller mit voller Wucht gegen die Hauswand gefahren war.

„Ach, der kleine Roland ist wieder da“, hörte meine Mutter des Öfteren in der Notaufnahme. Ja, die Ärzte und Pfleger zählte ich damals zu meinen Freunden.

Mit meinem Bruder fuhr ich als Sechsjähriger zur Kur nach St. Peter Ording. Der Sinn dahinter war, dass ich an Gewicht zulegen sollte. Die Kur dauerte sechs Wochen und war für mich ein Riesenabenteuer, welches damit begann, dass mein Bruder und ich viele schöne Stunden allein im Zug von Frankfurt nach St. Peter Ording fuhren. Dort angekommen, bezogen wir nur schnell unser Zimmer und dann ging es gleich zum Spielen nach draußen. So blieb es die ganze Zeit und dazu gab es immer viel zu essen und auch eine Menge Süßigkeiten.

Ein fragwürdiges Konzept, Kinder mittels Süßigkeiten zur Gewichtszunahme zu bewegen, meinen Sie? Naja, mag sein, aber ich fand es damals definitiv toll.

Wir spielten jeden Tag Fußball, spielten mit dem Hund, der dort wohnte, stellten nachts in unserem Zimmer mal den Papierkorb verkehrt herum auf die leicht geöffnete Tür – Sie können sich vorstellen, was für ein toller Spaß es für uns war, als die Aufseherin in der Nacht nach dem Rechten sah – und vieles mehr.

Wenn ich so zurückblicke, war es eine aufregende Zeit im *Haus der Sonne* mit meinem großen Bruder. Ich hatte damals ein richtig großes Mundwerk, viel mehr als meine gleichaltrigen Freunde, weil ja mein großer Bruder immer an meiner Seite war.

Eigentlich unnötig zu erwähnen, dass ich ein Kilo leichter nach Hause zurückkehrte. Ich war so viel auf den Beinen und bin so viel herumgetollt, dass ich einfach nichts auf die Rippen bekam.

Als Neunjähriger sammelte ich sogar auf der Beerdigungsfeier meiner lieben Uroma den ganzen Würfelzucker, packte alles in einen kleinen Plastik-Aktenkoffer und aß das süße Zeug dann irgendwann komplett auf. Zugenommen habe ich trotzdem nicht. Hm, eigentlich schade, dass es mir heute nicht mehr so geht.

Gleichzeitig entwickelte ich im Kindesalter eine große Freude am Fußball. Mein Lieblingsverein war selbstverständlich die Frankfurter Eintracht. Für einen Frankfurter Bub war das eine normale Sache. Dieser Verein begleitet mich jetzt schon fast mein Leben lang. Mal ging es aufwärts, mal abwärts und dann wieder aufwärts. Während ich das so schreibe, stelle ich gerade erstaunliche Parallelen zu meinem Lebenslauf fest.

Extrem schön an meiner Kindheit war es, dass mein Bruder mich immer zum Fußballspielen mitnahm. Und da sein damaliger bester Freund Jürgen vermögende Eltern hatte – Fabrikbesitzer mit einem riesigen Garten –, konnten wir das ganze Jahr über Fußball spielen, bei Regen, Schnee oder Hitze, ganz gleich. Wir spielten, übten und übten.

An einem Freitag kam dann mein Vater mit der Nachricht zu mir, ich sei einem Jugendtrainer der Eintracht positiv aufgefallen, der mich nun gern in seiner Mannschaft hätte. Ich war total happy und hundertprozentig überzeugt, der neue Grabowski zu werden, nur viel besser.

Heute bin ich viel realistischer. Ob ich ein Super-Fußballer geworden wäre? Wer weiß, aber ein guter ganz bestimmt. Leider war die Chance, das herauszufinden, bereits am Samstag wieder dahin.

Was geschehen ist? Eigentlich nichts Besonderes, was nicht jeden Tag irgendwo anders so ähnlich hätte passieren können, aber für mich war es eben ein sehr einschneidendes Ereignis.

Etappe 2: *Nach dem Autounfall*

Mein Vater hatte seinen vierzigsten Geburtstag gefeiert und als wir dann abends die ersten Gäste vor der Lokalität in Frankfurt verabschiedeten, sprang das Auto der Nachbarin nicht an. Also bot ich, der tolle zukünftige Weltfußballer, sofort tatkräftig meine Unterstützung an. Nicht, dass ich ein übermäßig eifriges Kind gewesen wäre, aber ich fand es wohl in meiner Vorstellung einfach super ein Auto anzuschieben. Ich bin also mit nach draußen und stellte mich mit meinem Vater und meinem Bruder hinter das Fahrzeug. Wir schoben und schoben, während die Nachbarin versuchte, den Motor anzulassen, aber es tat sich nichts.

Der Himmel war schon dunkel, die Kleyerstraße aber hell erleuchtet. Zu guter Letzt setzte sich schließlich mein Vater ans Steuer und wieder schoben wir, nun die Nachbarin links und mein Bruder rechts von mir hinten am Fahrzeug.

Was dann genau geschah, weiß ich nicht. Das Nächste, woran ich mich erinnern kann ist, dass ich auf dem Boden lag und mein Bein kalt wurde und extrem anschwoll. Meine Mutter hockte neben mir und sagte, dass alles gut werde. Dann erinnerte ich mich wiederum daran, wie ich im Krankenwagen liege und meine Mutter sagen höre, ich solle nicht einschlafen.

Ich weiß noch, dass ich zu ihr sagte: „Es wird alles gut, Mama. Ich hab´ dich lieb. Mach dir keine Sorgen." Und irgendwann wachte ich wieder auf, nach drei Operationen. Von da an war mein Leben ein komplett anderes.

Was also war geschehen? Zwei junge Idioten hatten nachts auf der Kleyerstraße ein Wettrennen gefahren und anscheinend einen Affenzahn draufgehabt. Einer der beiden hatte uns bemerkt und war auf die linke Fahrbahnseite ausgewichen, der andere jedoch merkte nichts und wollte ihn seinerseits rechts überholen, was ja nun mal nicht möglich war, da wir uns ihm quasi in den Weg gestellt hatten.

Nach der Kollision war der Unfallverursacher aus seinem komplett demolierten BMW ausgestiegen und hatte wohl um den Blechschaden geweint. Mein Vater musste von den anderen zurückgehalten werden, weil er ihm direkt an den Kragen gehen wollte.

Der Krankenwagen kam zwar sehr schnell, fuhr aber zu allem Unglück erst einmal zum Höchster Krankenhaus, wo die Ärzte die Lage sehr schnell analysierten und feststellten, dass sie mich nicht behandeln konnten. Sie wiesen das Notarztteam darauf hin, mich sofort in die Uniklinik weiter zu transportieren, da meine Verletzung augenscheinlich mit Gefäßen zu tun hatte. Merkwürdigerweise war der Rettungswagen von der Uniklinik gekommen, aber das Team hatte das Offensichtliche anscheinend nicht selbst bemerkt. Ich kann heute nur mutmaßen, was aber jetzt eh nichts mehr ändern würde.

Durch diese Verzögerung der notärztlichen Versorgung waren die ersten Tage über mehrere Notoperationen vonnöten, die erste, um das ganze Chaos im Bein wieder zu richten.

Nach dieser ersten OP in der Nacht hörten meine Eltern den Operateur zu einem Kollegen sagen, dass er so einen Matsch im Bein noch nie zuvor gesehen habe. Naja, ich hatte eben in der Mitte des Fahrzeugs gestanden und konnte froh sein, dass ich ein Bein noch gerade eben auf den Kofferraum gehievt hatte. Das andere war allerdings zwischen die zwei Fahrzeuge gelangt.

Der BMW war mir von hinten in die Kniekehle gefahren und hatte alles zerrissen, was überhaupt zerreißen konnte. Schlagader, Gefäße und Nerven waren komplett zerfetzt worden.

Während der ersten OP hatten die Ärzte meinen Eltern noch gesagt, sie könnten froh sein, wenn ich überlebe. In der zweiten OP wurde die Amputation des Beins offen thematisiert. In der dritten OP musste Haut vom linken Oberschenkel entnommen werden, damit die Schlitze am rechten Unterschenkel zugenäht werden konnten.

Ich überlebte, mein Bein blieb mir erhalten und meine liebe Mutter durfte fortan viele Jahre jeden Tag mit ihrem Sohn zur Reha und zu diversen für mich extrem schmerzhaften Untersuchungen fahren.

Hatte ich früher von morgens bis abends Fußball gespielt und herumgetollt, so war dies nun passé. Sie können sich vorstellen, was das für ein Kind bedeutet, dessen Leben zuvor nur von Bewegung geprägt war und das immer normale Schuhe getragen hatte. Meine Mutter versuchte mir einzureden, dass orthopädische Schuhe zurzeit ganz in Mode seien. Immerhin waren sie handgefertigt aus hochwertigem Leder.

Mein Leben änderte sich schlagartig. Hänseleien waren an der Tagesordnung. Sachen wie „Holzfuß“ oder „Klumpfuß“ und „Lauf doch mal ordentlich“ hörte ich eine Menge. Der eine oder andere wäre daran zerbrochen, aber ich wurde stärker als je zuvor. Ja, es tat weh und es gab viele Tage des Jammerns. Am Schlimmsten war es damals für mich, dass ich den Traum von einer großen Fußballerkarriere nicht mehr leben konnte. Ich lernte jedoch – auch durch ein starkes privates Umfeld – damit umzugehen und zeigte in dieser Phase anderen nicht mehr meine Verletzlichkeit.

Das Ganze hatte aber auch einige Vorteile.

Erstens: Ich bekam leckeres Essen im Krankenhaus, jeden Tag Eis und meine Mutter brachte mir auch immer meine Lieblingsfrikadellen mit. Natürlich auch Süßigkeiten. Am Ende meines Krankenhausaufenthalts war ich nicht mehr „der dünne Roland", sondern hatte fortan einen gewissen Speckgürtel als Begleiter.

Zweitens: Innerhalb der Familie wurde noch mehr als zuvor Rücksicht auf mich genommen. Was ich fortan an Unsinn anstellte, wurde mir schnell verziehen und mein armer Bruder musste mitunter meine Scheiße ausbaden.

Drittens: Letztendlich wurden in dieser Phase meine sozialen Kompetenzen und meine Empathie ausgebildet.

Ich habe damals gelernt, jeden Menschen so zu akzeptieren, wie er oder sie ist und vor allem auch Rücksicht auf Menschen mit einem Handicap oder einer Behinderung zu nehmen. Das hilft mir auch heute im Umgang mit diesen Menschen, weil ich ihnen ganz natürlich begegne und keinen Pseudo-Mitleidsblick aufsetze. Glauben Sie mir, Mitleid wollen die allerwenigsten. Die meisten möchten ein Stück Normalität in ihrem Leben, um nicht andauernd an ihr Handicap erinnert zu werden.

Ich gehe heute davon aus, dass die Zeit des Autounfalls für mich die prägendste Zeit bei vollem Bewusstsein war. Ich ahnte zu der Zeit nicht, was noch kommen würde.

Die ersten drei Jahre nach dem Unfall musste ich gefühlt täglich mit meiner Mutter ins Krankenhaus. Entweder standen irgendwelche Krankengymnastiktermine oder Elektrotherapien oder sehr, sehr schmerzhafte Untersuchungen an. An eine erinnere ich mich ziemlich gut. Ich lag auf der Untersuchungsliege und bekam zur Untersuchung meiner geschädigten Beinnerven eine lange Nadel tief in mein Schienbein hineingeschoben.

Ich verstehe ja, dass die Untersuchung notwendig war, aber auf diesen Schmerz, der von der Nadel durch die Muskulatur hindurch verursacht wurde, hätte ich liebend gern verzichtet. Genauso auf die Teile der Schulzeit, in denen ich gehänselt wurde und selbst mit mir und meinem Körper so gar nicht mehr einverstanden war. Ich war dicklich, mein Bein, oder eher mein Fuß, war ein hässliches Stück Anhängsel, welches ich auch mit größter Willensanstrengung nicht normal bewegen konnte.

Das Schönste an der Zeit damals in der Schule von Klasse 5 bis 9 war eigentlich eine Mappe, die ich ins Krankenhaus bekam. Leider war ich so dumm und entsorgte sie eines Tages, aber an einen Brief einer Klassenkameradin erinnere ich mich noch heute genau. Warum? Naja, ich war damals als elfjähriger Bub ein wenig in sie verknallt. Susanne S. schrieb jedenfalls: „Roland, komm doch bald wieder zurück. Ohne Dich ist es so ruhig in der Klasse. Ich vermisse Dich."

Liebe Susanne, auch wenn du dich daran bestimmt nicht erinnern kannst oder heute nicht mehr weißt, wer ich bin, lass dir gesagt sein, dass diese Zeilen sehr herzerwärmend waren. Dankeschön!

Was mag ich damals gedacht haben? *Juhu, sie wird mit mir auf meinem nicht vorhandenen Pferd der Sonne entgegenreiten*, oder *Wenn die Lehrer mich schon nicht verstehen – du tust es*? Keine Ahnung, aber bei der Erinnerung daran habe ich in diesem Moment ein Lächeln auf dem Gesicht.

Irgendwann war das Schuljahr vorbei und ich musste aufgrund der langen Fehlzeiten die Klasse wiederholen – weg von meinen lieben Klassenbuddys und rein in die Chaosklasse schlechthin. Hier kamen nach und nach neue Chaoten hinzu und ich lernte, mir eine Mauer aufzubauen.

Zum Glück gelang mir das einigermaßen, aber die dauernden Hänseleien waren nicht berauschend. Ich fühlte mich in dieser Schule nicht mehr wohl.

Vor ein paar Wochen fuhr ich, nebenbei bemerkt, mit meiner früheren Klassenkameradin Sabine zu dieser Schule und schaute sie mir von außen an. Vielleicht habe ich mich ja schon damals dort so unwohl gefühlt, weil ich ahnte, wie sie später mal aussehen würde? Kleiner Witz am Rande.

Aber Spaß beiseite. Ich hatte keinen Bock mehr auf die Schule, die Schüler, die Lehrer. Meine Noten wurden mies und ich wechselte die Schule. Auf der neuen Schule lernte ich endlich normale Klassenkameraden kennen. Ich war nun der Älteste und mir wurde wohl zunächst dadurch Respekt entgegengebracht. Naja, ich war breiter und größer als die meisten. Ich fand es gut.

Letztendlich erkannte man aber recht schnell meine Unsicherheit und dass ich ein ganz normaler Typ war, der viel Unsinn im Kopf hatte. Schon durch meine Krankheiten und besonders nach dem Autounfall war es so gewesen, dass ich immer der Witzige sein wollte, zumal ich meine verletzliche und sensible Seite nicht zeigen wollte oder konnte. Die Position als Klassenclown war eigentlich bereits seit der ersten Klasse für mich reserviert gewesen.

Da dies die erste bewusst wahrgenommene Phase auf meiner Zugfahrt war, nenne ich sie *Die Sozialkompetenz- und Empathie-Reise.*

Aber die Zugfahrt ging weiter.

Etappe 3: ***Zeit der Ausbildung und bei Arcor***

Nach der 10. Klasse ging ich von der Schule ab, besuchte die höhere Handelsschule und beendete diese dann ein Jahr später. Ich wusste nicht so genau, was ich will. Ich machte mir damals zum ersten Mal Sorgen, was wohl aus mir werden würde.

Eines Tages ging ich mit meinem Freund Harald über die Zeil in Frankfurt und wir gingen in den „WOM" bei Hertie. WOM, das war ein Plattenladen und Harald war ein absoluter Musikfreak. Ich weiß nicht, wie es kam, aber plötzlich war ich in der Personalabteilung bei Hertie und fragte nach, ob man dort Ausbildungsplätze anböte. Ich bekam eine positive Antwort und sollte ihnen meine Bewerbungsunterlagen zukommen lassen.

So kam es, dass ich meine Lehre zum Kaufmann im Einzelhandel bei Hertie begann, wo ich richtig viel lernte. Was ich damals total klasse fand, war die Tatsache, dass in jedem Stockwerk irgendjemand war, den ich kannte und den ich mochte. Auch das Verkaufen machte mir einen Heidenspaß, besonders die Kundenberatung. Nur die Vorgesetzten nervten gewaltig.

Gleichzeitig stellte ich fest, dass das lange Stehen meiner Fußbehinderung überhaupt nicht zuträglich war, sodass ich des Öfteren krankfeiern musste. Meinem Chef gefiel das natürlich gar nicht und ich konnte das sogar sehr gut nachvollziehen. Aber mochte ich ihn so oder so nicht, denn er war ein richtiges Arschloch und ein ziemlich cholerisches dazu.

Ich weiß noch, wie mein Kollege Jürgen mal eine falsche Palette in den Verkaufsraum brachte und mein Chef ihn vor den Kunden anschrie, bis ihm die Tränen kamen. Es war unglaublich!

Ich fragte den Chef, ob ich als Lehrling ein bestimmtes Hemd mit etwas mehr Rabattprozenten billiger bekommen könnte. Damals war Miami Vice total in und ich stand voll auf diese Seidenhemden. Seine lapidare Antwort lautete Nein, aber teurer könne ich es bekommen.

An Weihnachten erhielt jeder von uns als Geschenk eine Krawattennadel von ihm. Er gab sie uns mit dem

Kommentar: „Hier haben Sie eine Krawattennadel! Ich *muss* die verschenken."

Eines Tages rief er mich zu sich ins Büro und verkündete, dass er mich nie übernehmen würde. Ich hätte ihm zu viele gelbe Zettel eingereicht und er würde auch die Personaler in anderen Kaufhäusern vor mir warnen.

Wie auch immer, ich schloss die Lehre erfolgreich frühzeitig ab, stand aber dann auf der Straße, da mein Chef mich glücklicherweise nicht wollte. Sechs Monate später ging ich – übrigens mit Harald, dem Musikfreak – auf die Fachhochschule für Sozialwesen, die ich mit dem Fachabi beendete. Das bedeutete meinen Start in das Studium der Sozialarbeit.

Warum Sozialarbeit? Hm, ich hatte wohl in meiner frühen Jugend eine Affinität zu Menschen und eine Art Helfersyndrom entwickelt. Noch stärker ausgeprägt war allerdings mein Faulheitssyndrom. Da ich das Lernen nicht wirklich lernte und es auf der FH richtig lasch zuging, war es eigentlich klar, dass ich dieses Studium eines Tages würde abbrechen müssen.

Gesagt, getan. Nach vier Semestern des Nichtstuns gab ich das Studium auf und begann meine Umschulung zum Industriekaufmann.

Was mir gerade auffällt: Ich schreibe hier mein Leben auf und es tut richtig gut. Kann ich jedem empfehlen, der ehrlich zu sich selbst ist und ganz klar reflektieren möchte. Nicht alles ist schön, aber ich ertappe mich recht häufig beim Lachen, wenn ich an gewisse Situationen denke.

Mit 26 Jahren beendete ich die Umschulung zum Industriekaufmann mit einem guten Ergebnis in der Abschlussprüfung und das sogar ohne viel Aufwand. Trotzdem suchte ich danach lange vergeblich einen Job und arbeitete daher kurzfristig bei einer Zeitarbeitsfirma. Mein erster Einsatz erfolgte damals bei einem Badmöbelhersteller, bei dem ich in einem sehr dunklen, langweiligen Büro saß. Es war zudem Winterzeit und ich hatte den ganzen Tag gefühlt nur Dunkelheit um mich, was eine echt miese Stimmung in mir verursachte.

Ich kann mich noch sehr gut an meine schlechte, geradezu depressive Stimmung entsinnen, aus der heraus ich nach vier Wochen beschloss, die Brocken hinzuschmeißen. Zwar hatte ich aufgrund von Zukunftssorgen kein gutes Gefühl dabei, aber es gab für mich keine Alternative. *Hier gehe ich kaputt*, höre ich mich noch zu mir selbst sagen. Also bin ich morgens zu meinen Eltern in die Küche, setzte mich zu ihnen an den Küchentisch und sagte: „Ich muss mit euch reden."

Mein Vater fragte, was los sei und ich erzählte von meiner Gemütsverfassung und eröffnete ihnen, dass ich die Arbeit nicht mehr fortführen würde. Vielleicht fragen Sie sich jetzt, warum ich es überhaupt meinen Eltern mitteilte. Nun, ich wohnte tatsächlich noch im Haus meiner Eltern und zu der Zeit fand ich es vollkommen richtig so.

Mein Vater reagierte zum ersten Mal ganz anders, als es sonst für ihn üblich war. Er zeigte Verständnis und meinte, dass er sehen könne, wie ich mich verändere und dass ich es letztendlich selbst wissen müsse. Meine Mutter ordnete sich ohnehin immer meinem Vater unter und nahm es hin.

Kurz darauf ging ich zu meinem Arzt und wurde für drei Wochen krankgeschrieben, ich rief die Zeitarbeitsfirma an und bat aufgrund der Krankschreibung um die Kündigung. Als das Telefonat beendet war, fiel mir sprichwörtlich ein Stein von Herzen. Ich fühlte, dass es die richtige Entscheidung war.

Zu diesem Zeitpunkt ging Harald, der Musiker, gerade mit seiner Band auf Tour – eine prima Gelegenheit, um mich abzulenken. Ich fuhr fünf Tage mit, half den Jungs beim Bühnenaufbau, kümmerte mich ums Merchandising und kam auf diese Weise gut über die vergangenen beschissenen Wochen hinweg.

Wieder zu Hause angekommen schnappte ich mir mein Erspartes und besuchte für knapp vier Wochen meinen ehemaligen Kollegen Jürgen in London, den ich während meiner Ausbildung bei Hertie kennengelernt hatte. Zwischen uns entwickelte sich nun eine richtig enge Freundschaft, die bis heute anhält. Die Zeit in London war richtig klasse. Es gab Partys, ich war viel mit Jürgen unterwegs – und ich konnte endlich loslassen.

Nach den Wochen in London startete ich noch einmal ganz frisch mit Bewerbungen und stellte fest, dass man manchmal vom Glück eingeholt wird. Erzwingen wollte ich nichts. Es fügte sich eines Tages. Jeder Mensch hat Glück, wenn er frei im Kopf ist und meist findet es einen, wenn man nicht damit rechnet.

Es war 1997, im Februar, als ich unter der Dusche stand und das Mobiltelefon klingelte. Ja, auch damals gab es bereits tragbare Telefone. Zwar waren diese noch etwas größer und hatten eine lange Gummiantenne, aber es war schon ein wenig wie in der Neuzeit. Es klingelte also. Ich schnell raus aus der Dusche und ans Telefon.

Eine Frau meldete sich und sagte, sie rekrutiere im Auftrag von Mannesmann Arcor Mitarbeiter für die Störungsannahme. Ich bat um ein paar Sekunden, weil ich mich noch abtrocknen wollte.

Dass die Anruferin in der Zwischenzeit nicht auflegte, spricht sicher dafür, dass der Druck, Mitarbeiter zu finden, damals sehr hoch war. Wir sprachen dann kurz und ich erhielt eine Einladung zu einem Assessment-Center (AC).

Ich bestand das AC nur mittelmäßig und der damalige Chef des Callcenters teilte mir mit, andere seien besser gewesen, deshalb könne er mir nur eine Stelle in der Telefonannahme anbieten oder mich für den nächsten Rutsch bei der Mitarbeitersuche zurückstellen.

Ich erklärte ihm, dass ich auch gern in der Telefonannahme anfangen würde, immerhin sei es eine gute Gelegenheit für beide Parteien, sich schon einmal kennenzulernen. Nicht, dass ich voll Bock auf die Telefonannahme gehabt hätte, aber es war allemal besser, als immer daheim herumzulungern. Ich sah es wirklich als Chance an.

Ich arbeitete genau zwei Monate in der Telefonzentrale, bevor ich in die Störungsannahme wechselte und nochmals sechs Monate später fing ich als erster Mitarbeiter in einer komplett neuen Abteilung an.

Zu mir gesellte sich eine junge Kollegin, die gerade von Güstrow nach Frankfurt gezogen war und ein weiterer Mitarbeiter. Zu dritt bauten wir – Jeannette, Frank und ich – die IN-Abteilung auf. „IN" ist das Kürzel für „intelligente Netze" und in der Abteilung ging es um das Routing von Servicerufnummern. Für mich war diese Abteilung ein wahrer Glücksgriff. Erst durfte ich mit der Kollegin nach Wien auf eine Schulung, dann verließ mein Chef die Firma recht zügig, um ein lukrativeres Angebot wahrzunehmen und somit waren zwei absolute Anfänger in einer Abteilung, von der sie nicht wirklich viel Ahnung hatten.

Es war nicht weiter schlimm, denn der Rest der Firma hatte noch weniger Ahnung von dem, was wir machten. Wir hatten also Narrenfreiheit, rackerten aber wirklich viel. Ich weiß noch, wie ich eines Nachts mal mit einem Kollegen durcharbeitete, um ein Projekt für die Deutsche Bahn zu stemmen. Es ging zwar schief, aber ich war durch mein Engagement in aller Munde. Das machte mich stolz. Ich war angesehen und bekam eine ordentliche Gehaltserhöhung.

Im Laufe der nächsten Monate kamen immer mehr Kollegen dazu. Ich merkte recht schnell, dass die meisten – nein, Quatsch – *alle* viel besser mit der Technik umgehen konnten als ich. Meine Gabe war es, bei völliger Ahnungslosigkeit trotzdem alles so zu verbalisieren, dass es letztendlich dennoch immer gut ausging. Ich übernahm meist die schwierigen Kundengespräche, die anderen waren am PC in ihrem Element.

So verbrachte ich in dieser Abteilung zunächst fünf Jahre, bis ich meinen ersten kleinen Schlaganfall erlitt. Der Zeitpunkt war damals echt beschissen, aber gibt es dafür einen guten Zeitpunkt? Seien wir ehrlich: Nein.

Warum ich das erwähne? Drei Tage nach meinem Schlaganfall war eine fünfwöchige Sprachreise nach Vancouver für mich gebucht und dass sie nun ins Wasser fiel, bedeutete einen erheblichen finanziellen Verlust. Aber naja, wer weiß, was geschehen wäre, hätte ich den Schlaganfall auf dem Flug erlitten.

Ich wachte also eines Morgens auf und sah Doppelbilder. Beim Blick in den Spiegel bemerkte ich, dass mein eines Auge nach links und das andere nach rechts schaute. Ich bin sofort ab ins Krankenhaus, wo mir eine Nervenentzündung diagnostiziert wurde. Erst sieben Jahre später sollte sich anhand der Dokumentation herausstellen, dass es sich um einen Schlaganfall gehandelt hatte. Zum Glück war es nur ein kleiner, sodass ich nach sieben Tagen äußerlich wiederhergestellt war und nur sechs Wochen krankgeschrieben wurde.

Etappe 4: *Zeit in Köln*

Nachdem ich noch drei Jahre in der für mich angenehmen und gewohnten Abteilung verbracht hatte, kam in mir eine gewisse Unruhe hoch und ich dachte, dass es das nicht schon gewesen sein kann. Sollte ich hier bis zu meiner Rente bleiben und jeden Tag das Gleiche machen?

Ich wechselte daher wieder in eine neu geschaffene Abteilung, in der ich für ein Referenzprojekt für den größten Kunden von Mannesmann Arcor im Backoffice zuständig war. Es war eine großartige Sache und ich lernte auch hier eine Menge nützlicher Dinge.

Die Geschwindigkeit, in welcher der Kunde jeweils etwas von uns umgesetzt haben wollte, war immens und es funktionierte nicht immer, aber letztlich konnten wir ihn doch meist zufriedenstellen.

Diese Funktion hatte ich zwei Jahre inne, bis ich eine interne Stellenausschreibung sah. Es gab eine neu geschaffene Funktion im Unternehmen, man suchte bundesweit nach geeigneten Kandidaten für die unterschiedlichen Regionen. Ich bewarb mich für den Standort Köln und nach einem Bewerbungsgespräch wurde ich genommen.

Jetzt fasste ich mir ein Herz, verließ zum ersten Mal meine Komfortzone Frankfurt, wo ich mittlerweile in einer Wohnung mit meiner damaligen Freundin gewohnt hatte und zog nach Köln. Von verschiedenen Leuten hörte ich immer wieder, dass Köln zu mir passen würde, weil meine offene Art der Kölner Mentalität sehr entgegenkäme. Ich verabschiedete mich mit einer Feier aus Frankfurt und zog im Sommer 2004 nach Köln.

Meine Freundin besuchte mich des Öfteren und es ging mir recht gut in Köln, auch wenn ich mich zu Anfang oft einsam fühlte. Meine Offenheit ermöglichte mir zwar schnell lockere Gespräche und Kontakte, aber ernsthafte Bekanntschaften zu schließen war nicht so einfach. Es lag wohl daran, dass viele Menschen mit Mitte dreißig schon einen stabilen Freundeskreis haben oder ein geregeltes Familienleben führen und für neue Bekanntschaften nicht mehr so offen sind.

Als dann auch noch meine Freundin unsere Beziehung beendete, war ich erst einmal vollkommen am Boden zerstört. Freundin weg, fremde Stadt, kaum Menschen mit Substanz um mich herum – plötzlich fing ich an, Köln total blöd zu finden. Immer wenn ich Freunde und Familie in Frankfurt besuchte, hörte ich von Leuten, dass sie mich um meinen Wohnort beneideten. Ich konnte das überhaupt nicht verstehen und bekam fast das Kotzen bei diesen Bewunderungsäußerungen.

Dann aber überlegte ich, wie ich das miese Gefühl für Köln ändern könnte. Immerhin wohnte ich dort, also brachte es mich keinen Schritt weiter, nur über meine persönliche Situation zu motzen. Ich musste etwas ändern, wenn ich eine positive Wandlung hervorrufen wollte. Ich meldete mich auf einer Internetplattform an, auf der Events für Menschen organisiert wurden, die neu in eine Stadt gezogen sind.

Das änderte alles. Ich ging öfter aus, lernte nette Menschen kennen und nach einiger Zeit entwickelten sich sogar einige Freundschaften. Plötzlich fand ich Köln gar nicht mehr doof, sondern eher grandios. Ja, Köln wurde genau meine Stadt.

Kaum war ich heimisch geworden, entdeckte ich einen kleinen Leberfleck auf meinem Rücken. Der Hautarzt entfernte ihn und zwei Wochen später, als er die Fäden zog, bekam ich den Befund aus dem Labor mitgeteilt. Es war schwarzer Hautkrebs, der ab einem Millimeter Dicke lebensbedrohlich ist. Mein Fleck war 0,67 Millimeter dick. Man musste also nochmals schneiden und schauen, ob wirklich alles erwischt worden war.

Da war sie, die Diagnose Krebs, vor der sich praktisch alle Menschen fürchten. Ich ging aus der Praxis und war komplett durch den Wind. Damit hatte ich rein gar nicht gerechnet. Ich weiß noch, wie ich mit Tränen in den Augen nach Hause fuhr und schon mein Ableben vor mir sah.

Ich überlegte dennoch, wie es jetzt weitergehen sollte. Ich wusste es nicht, konnte nur hoffen, dass der neue Befund mir zeigen würde, dass alles okay sei. Die nächsten Tage waren der Horror, bis ich endlich vom Hautarzt Entwarnung bekam. Alles sei okay, ich solle jetzt aber bitte regelmäßig zur Kontrolle kommen.

Nebenbei bemerkt: Ich kann jedem nur empfehlen, regelmäßig zur Krebsvorsorge zu gehen. Man schiebt gewisse Dinge gern vor sich her, aber diese Kontrollen sind im wahrsten Sinne des Wortes lebenswichtig.

Kurz danach hatte ich einen Bandscheibenvorfall im oberen Halswirbelbereich, der nach einigen neurologischen Ausfällen operativ behandelt wurde. Da ich mir nicht die Halswirbel versteifen ließ, sondern mir eine Bandscheibenprothese aus Titan zwischen den betreffenden Halswirbeln einsetzen ließ, war ich nach der OP sehr schnell wieder komplett beschwerdefrei.

So arbeitete ich dann wieder fleißig und fröhlich in Köln, bis ich eine erneute interne Stellenausschreibung sah. Die Firma suchte einen Teamleiter für das Dokumentenmanagement in Essen. Ich überlegte vorerst, denn mittlerweile fühlte ich mich ja in Köln so richtig zu Hause, bewarb mich dann aber doch. Immerhin ist Essen nicht sehr weit von Köln entfernt und wenn ich die Möglichkeit erhalten sollte, einen weiteren Karriereschritt zu machen, wollte ich es zumindest versuchen.

Ich ging auch hier zu einem AC und erhielt etwa sechs Monate darauf, als ich schon gar nicht mehr damit rechnete, die Zusage. Ich hatte ein mulmiges Gefühl, denn ich wollte gar nicht mehr so richtig von Köln weg, aber dann sagte ich mir: *Wer A sagt, muss auch B sagen und die Chance kriegst du vielleicht nie wieder.*

Also stieg ich erneut in den Lebenszug und fuhr in den Bahnhof Essen ein. Ich war von der Großkundenbetreuung zum Teamleiter im Dokumentenmanagement aufgestiegen und dachte bald schon an den nächsten Step, der *Abteilungsleiter* hieß. Als ich einmal bei meinem damaligen Chef im Büro saß, sagte er nur, ich solle es als Übung ansehen. In zwei, drei Jahren solle ich mich dann als Abteilungsleiter irgendwo bewerben.

Aber wieder kam alles ganz anders.

Etappe 5: *Schlaganfall*

Ich war gerade mal sechs Wochen in Essen, als ich einmal nachts aufwachte und spürte, wie eine leichte Welle durch mein Bein zog. Ich wusste intuitiv, dass etwas nicht stimmte und wollte erst die Augen gar nicht öffnen. Als ich es doch tat, blickten meine Augen wieder in unterschiedliche Richtungen, gleichzeitig spürte ich eine erste Lähmung im linken Bein. Ich rief sofort bei Freunden an, die mich ins Krankenhaus brachten.

Eine Diagnose konnte dort nicht sofort getroffen werden und man behandelte mich mit Kortison. Es hätte ja MS oder eine Nervenentzündung sein können – sprich: Man stellte dieselbe Fehldiagnose wie bei meinem ersten Schlaganfall. Ein paar Tage später ließ ich mich nach Frankfurt verlegen, wo die Diagnose *Schlaganfall* getroffen wurde. Leider ging es mir zu diesem Zeitpunkt bereits ziemlich dreckig. Ich war halbseitig gelähmt und die richtige Therapie begann ein paar Tage zu spät. Wie auch immer, ich war in meiner Heimat, Familie und Freunde waren für mich da und unterstützten mich, wo immer es ging. Ich lernte in dieser Zeit auch kurzfristig

Rollstuhl und Rollator kennen, aber diese Art von Freunden mochte ich nicht leiden.

In dieser Zeit war das Wichtigste für mich, dass ich mich im Umfeld vertrauter Personen bewegte. Hier konnte ich mich so geben, wie ich war und hatte ein klein wenig so etwas wie Normalität, sofern man es so nennen konnte.

Nachdem ich aus dem Krankenhaus entlassen war, zog ich für acht Wochen in eine Rehaklinik, wo ich langsam wieder lernte zu laufen und mit Messer und Gabel zu essen. Das war gar nicht so einfach, aber mit der Zeit ging es immer besser.

Heute kann ich wirklich sagen, dass vieles einfacher funktioniert, wenn Fleiß und Glück Hand in Hand gehen. Ich kann es nur „Glück“ nennen, denn auch heute noch sehe ich viele Menschen, bei denen sich nach einem Schlaganfall eine derartig sichtbare und spürbare Besserung nicht eingestellt hat.

Da ich in der Kindheit lernte, wie ich mich wieder zurückkämpfe und wusste, dass viel Eigenmotivation dazugehört, übte ich in der Reha und nach der Rückkehr nach Essen jeden Tag.

Die vielen Stunden bei Ergotherapeuten und Krankengymnasten sowie für meine eigenen Übungen waren sehr hilfreich für diesen Prozess.

Ich bin sehr froh, dass ich mich niemals aufgegeben habe, auch wenn es nicht immer einfach war. Es flossen auch Tränen, wenn ich allein war depressive Stimmungen waren keine Seltenheit. Aufzugeben war jedoch nicht drin. Dazu hatte ich bis dahin schon zu viel durchgemacht und war mir auch persönlich zu viel wert.

Eines Tages schauten meine Augen plötzlich wieder in dieselbe Richtung und es war nicht mehr nötig, jeweils eines abzukleben. Ich konnte wieder mit Messer und Gabel essen und auch ganz normal gehen. Meine Sprüche wie zum Beispiel *Mit dem zweiten Auge sieht man besser* brauchte ich nun nicht mehr.

Ich werde aber nie all die Menschen vergessen, die mir in dieser schweren Zeit eine Stütze waren. Familie, Freunde und auch Ergotherapeuten hatten mir stets mit Rat und Tat zur Seite gestanden. Ich kann meinem privaten Umfeld gar nicht genug danken, denn – machen wir uns nichts vor – beruflich war von einer tatsächlichen Unterstützung nichts zu sehen. Das Team, das ich als Vorgesetzter leiten wollte, war sicherlich froh, dass ich eines Tages meine Position nicht mehr besetzte.

Ehrlicherweise musste ich mir aber auch eingestehen, dass ich zu dieser für die Telekommunikationsbranche wirklich turbulenten Zeit den Ansprüchen einer Vorgesetztenposition höchstwahrscheinlich nicht gerecht geworden wäre. Dazu war ich selbst viel zu sehr mit mir und meiner Krankheit beschäftigt.

Zu diesem Eingeständnis zu kommen, war kein einfacher Prozess, aber letztendlich musste ich es einsehen.

Ich weiß noch sehr genau, wie ich eine Staffel *Stromberg* anschaute und merkte, dass ich dieser Typ sein könnte. Mittlerweile kann ich darüber herzlich lachen.

Etappe 6: *Koma*

Beruflich hatte sich schon wieder etwas verändert. Ich wollte den Job des Teamleiters nicht mehr und Karriere war mir auch nicht mehr so wichtig. Ich dachte jetzt erst einmal daran ein ganz normales Leben zu führen. Ich war nun Projektkoordinator und das war mit vielen Geschäftsreisen verbunden.

Eines Abends – es war zwei Tage vor meinem Geburtstag, den ich mit Freunden in meiner Heimatstadt Frankfurt feiern wollte und ich war gerade von einer dieser Geschäftsreisen zurückgekommen – brach ich bei einem Freund zusammen. Ein Notarzt brachte mich in das Krankenhaus direkt gegenüber von der Wohnung des Freundes.

Erst viele Tage später wachte ich auf und wunderte mich, dass meine Eltern am Leben waren.

Was passiert war? Ich hatte eine viral induzierte bakteriell superinfizierte schwerste beidseitige Pneumonie mit Herzbeutelentzündung und septischem Schock erlitten (196 Beatmungsstunden), war in ein künstliches Koma versetzt worden und erlebte darin Albträume ganz besonderer Art:

Meine komplette Familie wurde mit Bauchschüssen getötet, Freunde besuchten mich in einem Krankenhaus in Saudi-Arabien, in dem ich misshandelt wurde und man versuchte mich zu einem Selbstmordattentäter auszubilden. Dann war plötzlich mein Vater wieder da und wurde gequält, diesmal in einem Frankfurter Krankenhaus.

Gott sei Dank war das alles nicht real, aber ich träume noch heute ab und an davon. Aber was bewegt einen dazu, derart kranke Träume zu haben? Ich weiß es bis heute nicht.

Sechs Tage nach dem Aufwachen aus dem künstlichen Koma lief ich jedenfalls wieder quietschfidel durch den Krankenhauskorridor und einige guckten mich an wie ein Auto. Ich lachte und war happy wie immer, fragte dann aber einmal die Krankenschwester, warum mich alle so merkwürdig anschauten.

Die Antwort: „Naja, Herr Wagenhäuser, so häufig kommt es nicht vor, dass ein Patient, der ohne medizinische Intensivhilfe vor Kurzem noch mit Sicherheit gestorben wäre, direkt wieder so fröhlich über die Gänge läuft."

Am nächsten Tag, diesem bedeutenden Entlassungstag, kam jedenfalls der sehr nette Oberarzt zu mir und sagte: „Lieber Herr Wagenhäuser, Sie haben schon so ziemlich alles im Leben durch, Autounfall, Schlaganfall, Krebs, Bandscheibenvorfall und jetzt diese Geschichte. Sie haben eine große Bürde zu tragen. Machen Sie was aus Ihrem Leben". Da war er, der Satz: *Machen Sie was aus Ihrem Leben*. Und er fügte hinzu: „Sie werden keine hundert Jahre alt."

Dieser Arzt und dieser Satz sorgten dafür, dass ich mein Leben änderte. Er hallt bis heute noch in mir nach.

Ich kam in eine Rehaklinik und hatte viel Zeit zum Nachdenken. Mir war klar, dass ich den Job nicht sofort an den Nagel hängen konnte und ich wusste, dass ich noch etwas Geld sparen musste, um dann im passenden Moment alles auf links drehen zu können.

Ich wechselte nochmals die Abteilung und war fortan Key-Account-Betreuer. In dieser Zeit änderte sich viel im Unternehmen. Wir waren schon vor längerer Zeit von einem anderen Telefonunternehmen übernommen worden und die Menschlichkeit rückte mehr und mehr in den Hintergrund. Ich wechselte ein weiteres Mal innerhalb des Unternehmens die Abteilung und hoffte auf einen Neuanfang. Es kam aber so, wie es kommen musste.

Durch die Umstrukturierungen im Unternehmen war ein normales Arbeiten nicht mehr möglich. Kunden riefen vermehrt an und beschwerten sich. Alle Kundenservice-manager waren an ihre Grenzen gestoßen. Die Arbeit ließ sich nicht mehr wie gewohnt in derselben Qualität leisten.

Ich hatte eigentlich keinen Tag mehr frei, da ich am Wochenende meist schon diverse Arbeiten für Montag anfertigte. Und was passiert, wenn man schon diverse

Einschläge zu verkraften hatte, die Arbeit immer stressiger wird, keine Aussicht auf eine positive Veränderung existiert? Ja, es kommt womöglich dazu, dass man diese Überbelastung nicht mehr aushält. In meinem Fall geschah es an einem Freitagabend im Dezember, drei Jahre nach der erwähnten Ansage des Arztes.

Ich verließ das Büro und begab mich in meine Wohnung, ging ins Wohnzimmer, ohne das Licht einzuschalten und setzte mich in voller Montur auf die Couch. Ich schloss die Augen und hatte das Gefühl durchzudrehen, während es in meinen Händen kribbelte, als stünde ein erneuter Schlaganfall bevor. Nach diesem Kribbeln oder einem Taubheitsgefühl in den Händen hatten mich die Ärzte nämlich nach beiden Schlaganfällen gefragt und ich hatte es seinerzeit bestätigen können. Da saß ich nun auf der Couch mit meinen Ängsten, in völliger Erschöpfung nach der Arbeit und war nicht mehr in der Lage abzuschalten.

Wenn ich eines aber schon damals gelernt hatte, so war es, dass ich nur eine kleine Nummer in einem großen Konzern war und kein Hahn danach krähte, falls mir etwas passiere. Ich hatte immer gesagt, dass es nichts Wichtigeres als die Gesundheit geben darf und darum war ich am Montag nach diesem Wochenende sofort bei meinem Neurologen. Der zögerte nicht lange und sprach aus, wovor ich bereits etwas Bammel gehabt hatte:

„Herr Wagenhäuser, ich vermute ganz stark, dass Sie ein Burn-out haben. Ich ziehe Sie jetzt vier Wochen aus dem Verkehr und demnächst sprechen wir noch über eine Reha.“

So was in der Richtung hatte ich mir schon gedacht, es mir selbst aber nicht eingestehen wollen. Ich, der schon so vieles überstanden hatte, sollte jetzt einem Burn-out erlegen sein? Ich, dem der Neurologe sonst immer sagte, dass er zuvor kaum einen so positiven Menschen wie mich erlebt hätte! Ich war nämlich ab und an zu Kontrolluntersuchungen bei ihm gewesen und er hatte es so erfrischend gefunden, dass ich stets ein Lächeln auf dem Gesicht trug und voller Optimismus nach vorn schaute. Er meinte mal, ein anderer wäre schon längst von einer Brücke gesprungen, bei dem was ich durchgemacht hätte. Tja, jetzt hatte es mich wohl da getroffen, wo ich es am wenigsten erwartet hatte: In meinem Geist, bei meiner Lebenseinstellung.

Ich hatte auf nichts mehr Bock. Ich wollte nur noch Ruhe. Ich war in den nächsten Wochen mehr oder weniger ausschließlich daheim, wurde dann noch länger krank-geschrieben und war anschließend für acht Wochen in einer psychosomatischen Klinik. Ich muss ehrlich sagen, dass mir diese Klinik unglaublich gutgetan hat. Ich konnte komplett herunterfahren. Vom Tag meines Eintreffens an sah ich keine Werbung und keine Läden von Vodafone. Ich hatte viele Gespräche mit anderen Betroffenen und Einzelgespräche mit einem Psychologen. Ich befand mich in einer rosaroten Wolke, in der es einfach nur darum ging, mal ganz bei sich zu sein, abzuschalten und neue Kraft zu sammeln. Diese Wolke war ein Schutz.

Natürlich hörte ich auch Geschichten, die mich wieder vieles relativieren ließen. Eine sehr nette Frau hatte ihren Sohn auf dem Dachboden gefunden. Er hatte sich erhängt und sie hatte ihn ganz allein abgeschnitten, während ihr Mann ein Stockwerk tiefer schlief. Sie hatte also die ganze seelische Last auf sich genommen, ging aber daran kaputt. Auch ihr Mann war schon zuvor depressiv gewesen und daher wohl auch gar nicht in der Lage zu verstehen, was sie durchmachte. Er war später sogar eifersüchtig, weil seine Frau in der Reha hin und wieder besser drauf war.

Ich als Klassenclown war natürlich auf dem Weg der Besserung und somit kam der gute alte Roland zurück, der immer einen guten Spruch parat hatte oder einfach viel lachte und andere damit ansteckte.

In dieser Klinik hatte ich seinerzeit auch zum ersten Mal Berührung mit Themen wie Meditation, Achtsamkeit, progressiver Muskelentspannung usw. – Themen, gegenüber denen ich noch skeptisch eingestellt war. Aber ich spürte im Laufe der Zeit, was für eine unglaublich positive Wirkung diese Dinge auf mich hatten. Nach acht Wochen war diese Zeit vorbei und weitere drei Wochen später ging ich wieder ins Büro.

Die Abteilung hatte schon wieder einen neuen Abteilungsleiter, den ich gleich nach meiner Ankunft kennenlernte. Er stellte sich mir vor und gab mir gleich zu verstehen – wenn auch nicht wortwörtlich, jedoch unmissverständlich –, dass er mich lieber von hinten sehen würde. Ohne Umschweife bot er mir auch schnell an, mich zu unterstützen, wenn ich wieder in meine Heimat nach Frankfurt gehen wolle. Zum Glück mochte ihn von meinen Kollegen auch kaum jemand und ich befand mich somit in guter Gesellschaft.

Eines Tages bekam ich mit, dass die Firma einem bestimmten Personenkreis Abfindungsangebote machte und sah meine Zeit gekommen. Zu Hause fertigte ich in Ruhe einen privaten Projekt- und Zeitplan an und teilte der Personalabteilung mit, dass auch ich unter bestimmten nicht verhandelbaren Voraussetzungen bereit sei, das Unternehmen zu verlassen. Die Firma versuchte trotzdem zu verhandeln, aber ich blieb standhaft und so einigten wir uns nach sechs Monaten Hin und Her auf mein Angebot. In meinem Fall war es nicht einmal verwunderlich, dass sich eine Firma von einem kleinen Angestellten etwas auf-ok-t-ro-y-ie-ren ließ, denn man konnte nun endlich den schwerbehinderten und sehr oft kranken Mitarbeiter loswerden. Auf diese Weise bekamen beide Parteien genau was sie wollten. Ich nenne es eine Win-Win-Situation.

Den Satz des Arztes im Ohr, die neunmonatige Freistellung bei voller Bezahlung sowie eine ordentliche Abfindung nach der Freistellung im Sack, zog ich nun frohen Mutes meinen im Vorfeld ausgetüftelten Plan durch. Ich hatte ja genügend Zeit gehabt, mir weit im Voraus einen eigenen Projektplan mit diversen Meilensteinen zurechtzulegen. Wenn ich eines bis dahin gelernt hatte, dann sich immer vorzubereiten, wenn es um die eigene Sache geht. Ich wusste ja, dass genug Bedenkenträger im Weg standen, also wollte ich mir zumindest selbst im Klaren sein, was ich will und warum.

Etappe 7: *Sabbatical*

Mein Projektplan beinhaltete im Detail vier Phasen. Endlich konnte ich in meinem einjährigen, freiwillig eingelegten Sabbatical das machen, was ich wollte. Das waren Weiterbildung und zwar so wie ich sie mir vorstellte, nicht diverse langweilige firmeninterne Systemlehrgänge, die einem aufgedrückt werden, damit man lernt, wie man in noch kürzerer Zeit noch mehr arbeiten kann.

In meinem Leben war schon immer die Leidenschaft für Menschen präsent gewesen, jetzt gesellte sich noch die Leidenschaft für das Thema Weiterbildung hinzu. Gleichzeitig war es für mich auch von erheblicher Bedeutung, dass zwischen meinen Weiterbildungsphasen auch Ruhephasen eingebaut waren. Und gleich mit der Ersten begann mein einjähriges Sabbatical.

1. Phase

Ich buchte für mich und meine Frau eine einwöchige Schiffsreise nach Norwegen. Für mich war es sehr wichtig, nach all diesen turbulenten Zeiten einfach mal mit dem Wissen Urlaub zu machen, dass weder das Büro noch irgendwelche fremdauferlegten Verpflichtungen auf mich warteten. Es war eine großartige Reise mit vielen Natureindrücken, von denen ich noch heute schwärme.

2. Phase

Ich meldete mich bei einem privaten Träger für eine Weiterbildung zum Wirtschaftsfachwirt an. Ich war der Zweitälteste in der Klasse und bemerkte schnell, dass mir das Lernen schwerer fiel als meinen Kollegen, von denen die meisten meine Kinder hätten sein können. Gleichzeitig war es schön zu spüren, dass, egal wie alt ich war, ich wieder sehr schnell in alte Gewohnheiten zurückfallen konnte. Was ich damit meine: den Unterricht stören, mit den Nachbarn schwätzen usw.

Großartig waren die vielen Lerneinheiten mit einem sehr netten jungen Klassenkameraden namens Timo. Er kam meist zu mir und wir begannen unsere Lernsessions mit einer guten DVD, aber danach lernten wir noch drei bis vier Stunden. Da wir das vor den Prüfungen fast täglich machten, hatten wir das Gefühl, dass wir den Stoff recht gut intus hatten.

Die ersten drei Prüfungen konnte ich noch mitmachen, aber dann war es leider so, dass die vierte Prüfung in meine schon lange vorher geplante dritte Phase fiel. Ich freute mich aber für Timo, dass zumindest er die Prüfungen komplett durchziehen konnte.

3. Phase

Lange zuvor hatte ich eine Sprachreise mit Aufenthalt in Kapstadt, Südafrika, gebucht. Wie erwähnt fiel diese Reise in die Prüfungszeit, daher konnte ich die letzte Prüfung nicht ablegen und die Weiterbildung zum Wirtschaftsfachwirt leider nicht beendigen.

Für mich war es komplettes Neuland, für ganze zwei Monate zu verreisen und dann noch in ein Land, in dem ich vorher noch nie gewesen war, auch wenn es mich immer schon gereizt hatte. Darum war ich nur kurz traurig, außerdem hatte ich bei dem Lehrgang zum Wirtschaftsfachwirt trotzdem eine Menge gelernt.

Auf meine Gastfamilie war ich mächtig gespannt. Ich kam am Flughafen an und wurde von einem Mitarbeiter der Sprachschule abgeholt, der mich dort hinfuhr. Ich spürte schon bei den ersten Worten der Gastgeberin, dass ich hier eine gute Zeit würde verbringen können. Die Frau selbst war ein wenig konfus, aber überaus herzlich. Sie erzählte mir gleich, dass ein weiterer Sprachschüler in ihrem Haus untergebracht war: jemand aus Angola.

Mit ihm ging ich dann auch meist morgens zusammen zu Fuß zur Schule. An der Schule lernte ich viele neue Kulturen kennen und unglaublich nette, interessante Menschen. Die Schüler kamen aus aller Herren Länder, zum Beispiel aus Dubai, Brasilien, Argentinien, Frankreich, der Schweiz, Österreich, Angola.

Für die erste Woche hatte ich Einzelunterricht gebucht. Zum Glück, denn da ich vom Flug noch recht erschöpft war, konnte ich es mit meiner persönlichen Sprachlehrerin recht relaxed angehen. Sie zeigte mir den wundervollen *Kirstenbosch National Botanical Garden* und andere Sehenswürdigkeiten von Kapstadt.

Nach dieser sehr angenehmen und wahrlich nicht anstrengenden Woche kam ich dann in eine Klasse von sechs Schülern. Es war eine fantastische Klasse und wir hatten viele lustige, entspannte, aber auch lehrreiche Wochen vor uns. Für mich war es schön, dass ich die englische Sprache endlich einmal auf eine andere Weise vermittelt bekam, eine spielerische Weise und von Lehrkräften, die uns auf Augenhöhe begegneten. So bemerkte ich auch, dass mein Englisch immer besser wurde und freundete mich mit meinem Lieblingslehrer an, Sean, der heute nicht mehr dort lebt. Ihn hat es woanders hin verschlagen.

Was ich sehr schön fand: Die jungen Schüler baten mich immer wieder mal um Rat bezüglich ihres Lebens. Und besonders grandios war es, dass ich als Individuum das Bild der Deutschen zurechtrücken konnte. Zumindest dachten nicht mehr alle Menschen, dass wir Deutsche immer nur ernst sind und zum Lachen in den Keller gehen. Eine junge Brasilianerin kam eines Tages zu mir und entschuldigte sich bei mir, weil sie anfangs so negativ von mir gedacht hatte. Ihr O-Ton war seinerzeit: „Ich dachte, ihr Deutschen seid alle so ernst und negativ, aber du bist so ganz anders. Du lächelst andauernd, bist immer gut drauf und hast ein offenes Ohr für alle.“ Das ging natürlich runter wie Butter.

Während der acht Wochen bemerkte ich im Unterricht, dass ich Gefallen an dem Gedanken bekam, zukünftig einer Lehrer- oder Dozententätigkeit nachzugehen. Ich genoss die kompletten acht Wochen jedenfalls sehr. Und worauf ich besonders stolz war ist die Tatsache, dass ich trotz acht Kilo Übergepäck keinen Aufschlag für den Rückflug zahlen musste. Das hatte ich nämlich letztendlich der Tatsache zu verdanken, dass ich mit meinen neu erworbenen Englischkenntnissen der netten Dame am Schalter klarmachen konnte, dass es mir wirklich nicht gut ging. Aufgrund einer starken Erkältung musste ich nämlich eine Woche früher heimfliegen. Sie hatte Mitleid und winkte mich durch. Ich schenkte ihr eine Tafel Schokolade und sie fand diese Geste sehr nett. Ich kann heute noch sagen, dass die Menschen, die ich in Kapstadt kennenlernen durfte, immer freundlich zu mir waren. Obwohl sie viel weniger besitzen als die meisten Menschen in den westlichen Industrieländern, lächelten sie einen an und freuten sich über Kleinigkeiten – wie im Fall der Schokolade.

Nach einem ewig lang erscheinenden Flug kam ich vollkommen übermüdet am Frankfurter Flughafen an. Meine heutige Frau holte mich ab und machte mir einen Heiratsantrag. Stellen Sie sich jetzt bitte nichts super Romantisches à la *Nur die Liebe zählt* vor. Im Auto sitzend fragte sie einfach: „Willst du mich jetzt heiraten oder nicht?"

Völlig fertig und kaum in der Lage, einen klaren Gedanken zu fassen, sagte ich Ja.

4. Phase

Durch meinen um eine Woche vorverlegten Rückflug konnte ich meine Mutter zu ihrem siebzigsten Geburtstag überraschen. Alle dachten, ich wäre noch in Kapstadt und freuten sich riesig, mich zu sehen.

Ein paar Tage nach meiner Rückkehr ging meine Freistellung bei Vodafone zu Ende und ich war nun offiziell arbeitslos gemeldet. Direkt am ersten Tag meiner Arbeitslosigkeit hatte ich einen Termin bei meiner Beraterin bei der Bundesagentur für Arbeit. Diese Beraterin war für Menschen mit Behinderungen zuständig. Da ich mich gut vorbereitet hatte und auch gepflegt zu dem Termin erschien, hatten wir gleich eine gute Basis für die Zusammenarbeit. In meinem Projektplan hatte ich zwei Weiterbildungskurse über das Arbeitsamt vorgesehen, die ich zum Glück tatsächlich umsetzen konnte.

Die erste Weiterbildung war ein SAP-Kurs. Hört sich nicht wirklich spannend an, ich weiß. Aber ich weiß ja, dass Firmen sehr häufig mit SAP arbeiten und da ich noch nicht genau wusste, wo es mich zukünftig hintreiben würde, war dieser Kurs Bestandteil meiner Weiterbildung. Anschließend bekam ich zum Glück noch einen Englischkurs für Fach- und Führungskräfte bei einer renommierten Sprachschule. Das war ein richtig toller sechswöchiger Kurs, bei dem ich sehr viel von meinen in Kapstadt gewonnenen Englischkenntnissen vertiefen konnte. Auch lernte ich über eine Sprachschülerin einen Bewerbungscoach kennen. Sie empfahl ihn, weil sie ihn selbst bei einem Lehrgang kennengelernt hatte und meinte, dass er gut zu mir passen würde. Wunderbar, denn ich hatte nach nun über achtzehn Jahren ohne Bewerbungen überhaupt keine Ahnung mehr, wie diese aktuell auszusehen hatten.

Nachdem der Englischkurs erfolgreich beendet war, ging ich also zu dem Bewerbungscoach, Torsten Pyzalski. Ich bemerkte während der Zusammenarbeit mit ihm, wie angenehm diese kreative Arbeit ist und wie viel Spaß sie mir macht. Nach vielen Sessions war das Meisterwerk vollbracht. Es war sehr von Vorteil, dass wir uns von der ersten Stunde an sehr gut verstanden und er sich gut in mich hineinempfinden konnte.

Lieber Torsten, ich hoffe, du liest diese Zeilen irgendwann. Ich meine es wirklich so. Mit deiner langjährigen Erfahrung und deiner Empathie hast du mich genau da abgeholt, wo ich mich befand und nur durch das zwischen uns entstandene Vertrauen konnten wir eine Bewerbung hinzaubern, die ich auch heute noch toll finde und die mir selbst immer wieder als Impuls für meine heutige Arbeit dient.

Er setzte mir auch die Idee einer Selbstständigkeit als Karrierecoach in den Kopf, weil er meinte, ich würde aufgrund meiner Persönlichkeit und meiner beruflichen Erfahrung sehr viel dafür mitbringen. Vor allem sei ich in seinen Augen ein hundertprozentiger Dienstleister.

Aber noch war ich nicht so weit. Noch nicht.

Etappe 8: *Nach Sabbatical und Weiterbildung*

So bekam ich nach einigen Bewerbungen, genau ein Jahr nach meinem gewollten Ausscheiden aus der alten Firma, zunächst einen Job bei einem IT-Dienstleister. Ich spürte dort aber sehr schnell, dass es einfach nicht meine Sache war. Ich war Teamleiter eines Teams mit komplett negativer Einstellung, das mir vom ersten Tag an nicht vertraute. Das lag sicherlich auch an unserem Kunden. Der war nämlich mein früherer Arbeitgeber und ich saß nun bei einem Dienstleister auf der Gegenseite.

Nach sechs Monaten, einige Tage vor Beendigung meiner Probezeit, ging ich zum Chef und informierte ihn über meine Entscheidung das Unternehmen zu verlassen. Ich schob als Hauptgrund die Fahrtzeit vor und sagte ihm nicht ehrlich, dass ich das Team nicht hatte auf meine Seite ziehen können und überhaupt keinen Bock mehr auf meinen früheren Arbeitgeber hatte, auch wenn er hier als Auftraggeber fungierte. Dass ich nicht die ganze Wahrheit erzählte, war der Tatsache geschuldet, dass ich ein gutes Zeugnis bekommen wollte und die lange Fahrtzeit – im Schnitt morgens und abends je zwei Stunden – klang allemal attraktiver als Grund, als dass ich auf das Team, die Firma und den Auftraggeber keinen Bock mehr hatte.

Da ich hin und wieder meinen Coach Torsten traf, war der Gedanke, selbst als Coach zu arbeiten, omnipräsent, aber ich traute mich noch nicht richtig. Mir klangen die Stimmen der Bedenkenträger zu laut im Kopf. Die größten Bedenken kamen wie immer aus der Familie. Insbesondere meine Eltern sagten immer wieder: „Denk doch mal an die Sicherheit. Was passiert, wenn du wieder krank wirst? Was ist, wenn du keine Kunden bekommst?" Und, und, und. Einige Freunde bliesen in dasselbe Horn.

Diese Gedanken begleiteten mich damals noch recht lange und überaus intensiv. Also ging ich nach einer neunmonatigen erfolglosen Bewerbungsphase noch einmal als Teamleiter zu einem Dienstleister in ein gerade neu aufzubauendes Call Center. Raten Sie mal, wer mein Kunde war! Treffer, es war Vodafone. Aufgrund der für mich gefühlt lange andauernden Arbeitslosigkeit nahm ich diesen Job an und beide Parteien merkten sehr schnell, dass die Sache kein gutes Ende nehmen würde.

Nach fünf Monaten war Schluss. Ich weiß noch sehr genau, wie ich an dem Tag des provozierten Rauswurfs nach Hause fuhr. Die erste Minute war ich im Auto noch gekränkt und ich höre mich sagen: „Wie können die den Besten entlassen?“. Keine Minute später lachte ich laut und freute mich auf den nächsten Tag.

Etappe 9: *Beginn der Trainerausbildung und -tätigkeit*

Ja, ich freute mich auf den nächsten Tag, denn ich bereitete mich sehr intensiv auf das Gespräch mit meiner Beraterin vom Arbeitsamt vor. Ich erzählte ihr von einer Weiterbildung zum Trainer, bekam die Genehmigung nur zwei Tage später und kurz darauf ging sie auch schon los, die Ausbildung zum Trainer für Kommunikation, Marketing und Vertrieb. Während dieser Zeit fungierte ich in der

Firma eines Freundes hin und wieder schon als Kommunikationstrainer, aber ohne etwas dafür zu nehmen, sondern einfach, damit ich gleich mein zukünftiges Praxisfeld intensiver kennenlernen konnte. Auch erstellte ich bereits hin und wieder Bewerbungen für Bekannte. Ich hatte nun bereits Erfahrung damit und es machte mir einen Heidenspaß, auch ohne Honorar.

Auf meine Abschlussprüfung bei der IHK blicke ich heute noch oft schmunzelnd zurück. Ich stand vor der Kommission und ein älterer Herr fragte mich am Ende der mündlichen Prüfung, warum ich mich als Karrierecoach und Kommunikationstrainer selbstständig machen wolle. Meine Antwort kam mit hundertprozentiger Überzeugung: „Weil ich gut bin und an mich glaube.“

Ungefähr sechs Wochen nach meiner sechsmonatigen Trainerausbildung fing ich bei zwei Weiterbildungsträgern als Jobcoach und Dozent an. Sie fragen sich, wie ich da rangekommen bin? Die Dozentenstelle erarbeitete ich mir selbst ganz bewusst, indem ich nach meiner Ausbildung als Jobsuchender zu einem Institut ging. Ich hoffte, dass ich im Unterricht zeigen könnte, was ich selbst als Trainer draufhabe und sich dadurch vielleicht eine Zusammenarbeit ergeben würde. Tja, es war genau der richtige

Gedankengang und damit hatte ich meinen ersten Auftraggeber. Ich war stolz wie Oskar.

An den zweiten Auftraggeber kam ich durch meinen früheren Bewerbungscoach Torsten Pyzalski. Wir waren mittlerweile befreundet und ich gab ihm meine Bewerbungsunterlagen, die er dann weiterreichte. Ich wurde zu einem Gespräch eingeladen und arbeite noch heute sehr gern für dieses Weiterbildungsinstitut. Dort gefällt es mir besonders wegen meiner Kollegen und Kolleginnen so gut. Wir sind alle selbstständig und haben große Lust auf Bildung. Wir erfreuen uns daran, die einzelnen Coachees strahlen zu sehen, die sich auch dank uns eine neue Arbeitsexistenz aufbauen konnten.

Da mir mittlerweile die Weiterbildung in Fleisch und Blut übergegangen ist, ließ ich mich noch zum systemischen Coach ausbilden und entdeckte noch mehr interessante Felder, deren Inhalte schon immer in mir geschlafen hatten und jetzt nach und nach sanft geweckt wurden. Sie müssen wissen, dass es mir durch die Erfahrungen, die ich gemacht hatte, immer eine Herzensangelegenheit gewesen war, anderen Menschen zu helfen und ihnen eine gute Zeit zu bereiten. Auf der andauernden Zugreise meines Lebens war ich jedoch wohl zu lange abgelenkt gewesen, um mein wirkliches Ziel zu erkennen. Letztlich ließ ich mich noch zum Resilienztrainer ausbilden.

Ich freue mich richtig, dass ich mit meinen eigenen Erfahrungen und Ausbildungen anderen Menschen ein wertvoller Begleiter sein darf. Ich sehe jeden Einzelnen als ein ganzes System in all seinen Facetten, der von inneren und von äußeren Einflüssen geprägt ist. Dadurch fühlt ein Coachee sich von mir verstanden und abgeholt und entwickelt mit meinen Ideen und Impulsen neue Motivation, neuen Spaß und vor allem eine Sinnhaftigkeit in seinem Leben oder im beruflichen Kontext.

Ich bin heute sehr dankbar für all die Ereignisse, selbst für die gesundheitlichen Einschläge, denn sie haben mich zu dem gemacht, was ich heute bin. Das Wichtigste habe ich mir ohnehin niemals nehmen lassen: Den Glauben daran, dass nach jedem Tal ein Berg auf mich wartet und ich mit meiner positiven Art und meinem fröhlichen Gemüt alles schaffen kann.

Ich nenne diese Etappe meiner langen Zugreise daher meine ***berufliche Kompetenzphase***. Denn warum auch immer ein Kunde oder eine Firma an mich herantritt, es findet sich meist ein gangbarer Weg. Ist die momentane Karriere vielleicht gerade durch ausgeprägten Stress gefährdet, will sich ein Mensch neu orientieren oder ist die Firma dabei, ein Gesundheitsmanagement zu integrieren? Wir finden für alles eine Lösung. Wichtig ist hierbei für mich immer eines:

Der Mensch steht im Vordergrund meines Handelns.

Ich bin nun am Ende meiner Biografie und muss Ihnen ehrlich gestehen, dass es nicht einfach war, mein Leben in derart wenigen Worten wiederzugeben. Aber mein Ansatz für dieses Buch ist es nun mal, dass Sie mich ein wenig kennenlernen sollen, damit Sie wissen, warum ich heute das mache, was ich mache und warum ich glaube, ein Experte auf den Feldern zu sein, die ich meinen Kunden und Kundinnen anbiete.

Gleichzeitig war es für mich eine schöne Reise durch mein Leben und hat mich nochmals in allem bestätigt, was ich bisher unternommen habe, um da hinzukommen, wo ich mich aktuell befinde: Als glücklicher Mensch, der mit sich im Reinen ist und sich auf weitere unglaublich spannende Jahre in seinem Leben freut.

Ach so, bevor ich es vergesse: Seitdem ich ein selbstbestimmtes Leben führe, war ich nicht einen einzigen Tag mehr krank, das ist für mich ein Zeichen mehr dafür, dass es von Vorteil ist, einen Sinn im Leben zu finden.

Auf den kommenden Seiten möchte ich nun ganz genau erläutern, was ich aus den jeweiligen Etappen meines Lebens mitgenommen und gelernt habe.

Teil II: Mein Fazit aus Teil I

Aus den hier genannten Etappen und meinem bisherigen Leben allgemein komme ich zu der festen Überzeugung, dass einem das Leben Hürden in den Weg stellt, um aus deren Überwindung gestärkt hervorgehen zu können. Es ist sicher nicht immer einfach und mitunter wird es nicht ohne Hilfe gehen, aber wir haben es oft selbst in der Hand, gewisse Hürden zu überspringen. Bewältigen wir sie, steigern wir damit automatisch unsere Resilienz (psychische Widerstandskraft). Ich könnte jetzt zu jeder der genannten Etappen sehr detailliert erklären, was konkret ich jeweils daraus gelernt habe, aber das würde meiner Ansicht nach zu weit führen. Ganz gleich, was mich nach unten gezogen hat:

Ernährungsstörung
Diagnose ADHS
dominanter Vater und devote Mutter
Autounfall
erster Schlaganfall
Hautkrebs
Bandscheibenvorfall
zweiter Schlaganfall
septischer Schock, Pneumonie, Perikarditis, Koma,

als Gesamtheit liest es sich echt heftig, aber letztendlich rückt für mich bei alldem immer wieder eines in den Fokus. Ganz gleich, was sich ereignete ich lernte bei allen Schicksalsschlägen zu kämpfen, niemals aufzugeben, mir Hilfe von außen zu holen und vor allem meinen Humor nicht zu verlieren. Ich versuchte, in allem etwas Positives zu sehen und nicht nach dem berühmten Sündenbock zu suchen, denn hätte ich das getan, wäre ich eines Tages stehen geblieben und nicht weitergegangen.

Das Leben ist nun mal so, wie es ist. Dennoch habe ich verdammt noch mal das Recht, die Dinge zu beeinflussen und zwar auf die Weise, dass sie sich zu etwas Positivem verwandeln. Ich bin der Meinung, dass das Leben ein Geschenk ist und ich bin mir selbst den Einsatz wert, um das Beste aus den Möglichkeiten zu machen, die mir in die Wiege gelegt wurden. Setze ich mich nicht dafür ein, so wird mir auf Dauer sonst niemand helfen.

Ich möchte Ihnen daher im nächsten Kapitel wertvolle Anregungen zu Fragen rund um Ihre Karriere geben.

Teil III: Tipps für Ihre Karriere

Als ich aus Kapstadt kam und noch nicht genau wusste, wohin meine berufliche Reise gehen wird, habe ich mir eine Checkliste angefertigt.

Ich erzählte Ihnen bereits von meinem Freund Torsten, der mir glücklicherweise in seiner Funktion als Bewerbungscoach den Floh ins Ohr setzte, Coach und Trainer zu werden. Oftmals hat sich für mich gezeigt, dass Sätze oder Äußerungen eine unglaublich große Wirkung auf mich haben, auch wenn sich diese erst später entfaltet.

Nun, so richtig bemerkte ich erst in meiner Weiterbildung zum Wirtschaftsfachwirt und in Kapstadt, dass mir die Zusammenarbeit mit Menschen und speziell die Arbeit an deren Weiterentwicklung viel Spaß macht. Dann kam der Satz, den Torsten sagte, hinzu und ich überlegte zum ersten Mal in meinem Leben, was ich eigentlich wirklich will. Daraus entstand diese Checkliste, die ich in fünf Punkte gegliedert habe. Es sind nur fünf einfache Punkte, aber drei davon erfordern bereits einen großen Zeitaufwand, der sich am Ende allerdings rentiert und darum sollte diese Zeit wirklich aufgebracht werden, jedenfalls, sofern man es sich WERT ist.

Auch dies ist eine Frage, die wir uns viel zu selten ernsthaft stellen: *Was bin ich mir wert?*

Aber nun erläutere ich Ihnen erst einmal die fünf Punkte im Detail und ich hoffe inständig, dass sie Ihnen genauso die Augen öffnen werden, wie es bei mir war.

Meine Checkliste

1. Weiß ich selbst genau was ich will?

Vielleicht wundern Sie sich ein wenig über die Frage, aber wenn ich meine Coachees zu Beginn des Karrierecoachings frage, was genau sie beruflich gern machen möchten, blicke ich oftmals in große Augen.

Um es bildhaft zu machen, nehmen wir mal als Beispiel einen meiner Coachees, der zu mir kam, um Bewerbungsunterlagen für einen Vertriebsjob zu erstellen. Ich fragte ihn also, was er machen möchte und recht schnell antwortet er mir: "Vertrieb eben". Und wo? Das sei ihm egal, so lange er im Vertrieb arbeiten könne, weil er gern kommuniziere und in dem Job gutes Geld verdiene.

Bei dieser Äußerung wurde ich sofort hellhörig. Meiner Ansicht nach gehört zur Qualifikation für einen Vertriebsjob viel mehr, als gern zu quasseln und die Kohle vor Augen zu haben.

Da ich weiß, dass es des Öfteren im Bewerbungsprozess für Vertriebler zu einem Assessment Center (AC) kommt, spielten wir in unseren Einheiten eines durch. Dabei handelte es sich um ein zweitägiges AC für eine Versicherung. Am Ende des ersten Tages bedankte ich mich für den bisherigen tollen Verlauf und lud alle Teilnehmer zum Essen ein, damit sie sich abseits der Arbeit auch persönlich kennenlernen konnten. Ich fragte den betreffenden Kandidaten, ob er sich nach dem anstrengenden ersten Tag denn nun lieber ausruhen und auf den zweiten Tag vorbereiten oder an dem Abendessen teilnehmen wolle? Die Antwort, die sehr schnell kam, überraschte mich in ihrer Vehemenz doch ein wenig:

„Natürlich ruhe ich mich aus und telefoniere noch mit meiner Frau. Der erste Tag war anstrengend genug und jetzt will ich meine Ruhe haben.“

Ganz ehrlich, im Vertrieb gibt es oft ziemlich ungeregelte Arbeitszeiten und immer wieder rufen unerwartet Kunden an, die noch eine Bitte haben. Deshalb kann ich nur jedem empfehlen: Augen auf bei der Berufswahl.

Ich sagte ihm dann, dass ich es schade fände, wenn er nicht am gemeinsamen Abendessen teilnähme und dass er sich damit sicher keinen Pluspunkt ergattern würde. Da wurde er sauer und meinte, dann habe er keinen Bock auf die Firma. Hm. Ich empfahl ihm dementsprechend seine Berufswahl noch einmal zu überdenken.

Genau dazu dient der erste Punkt meiner Checkliste. Machen Sie sich ganz intensiv Gedanken darüber, was Sie wollen. Es kann Ihnen dabei sehr helfen, wenn Sie sich Ihr bisheriges Leben einmal vergegenwärtigen.

Dann stellen Sie sich einige Fragen:

> Was habe ich schon als Kind gern gemacht?
> Was habe ich schon als Kind gut gekonnt?
> Wofür wurde ich als Kind gelobt?
> Was hätte ich in meiner Kindheit gern gekonnt?
> Wen habe ich in meiner Kindheit beneidet?
> Wofür habe ich diese Person beneidet?

Stellen Sie sich nun dieselben Fragen bezogen auf Ihre Jugendzeit und noch einmal für Sie als Erwachsener. Dann berücksichtigen Sie, was für eine Ausbildung Sie haben und was Sie schon alles gemacht haben.

Welche Qualifikationen haben Sie jetzt?
Welche Kenntnisse haben Sie erworben?

Schreiben Sie alles auf, was Ihnen einfällt und seien Sie bei den letzten beiden Fragen gern kreativ. Auch Autoführerschein, Hobbys usw. sollten Sie hier auf jeden Fall mit anführen.

Vielleicht kommt Ihnen das jetzt ein bisschen komisch vor und Sie fragen sich, wozu der ganze Aufwand gut sein soll. Aber in meinen Coachings stelle ich immer wieder fest, dass sich oft ein roter Faden im Leben zeigt, der für die Berufswahl sehr hilfreich sein kann.

2. Warum will ich in dieses Unternehmen?

Wenn Sie nach Punkt eins herausgefunden haben, in welche Richtung es geht, dann sollten Sie entscheiden, wo Sie Ihre Fähigkeiten und Qualitäten gern einsetzen möchten. Denn wenn ein Unternehmen von Ihnen profitieren wird, sollten auch Sie vom Unternehmen profitieren. Das meine ich jetzt ganz bewusst nicht nur materiell, sondern so, dass Sie sich in dem Unternehmen, in Ihrer Abteilung, mit Ihrer Chefin/ Ihrem Chef, Ihren Kollegen und Kolleginnen wohlfühlen sollen. Wie viele Menschen gehen abends ins Bett und bekommen

Magenschmerzen, wenn sie an den nächsten Arbeitstag denken!

Denken Sie immer daran: **Arbeitszeit ist auch Lebenszeit.**

Also informieren Sie sich bitte über das Unternehmen. Das geht beispielsweise über Social-Media-Plattformen wie Xing, LinkedIn usw.

Sie können auch die Presseberichte lesen, falls es welche zu dem Unternehmen gibt, schauen Sie sich die Website an, lesen Sie Mitarbeiter-Bewertungsseiten wie *Kununu* oder *Glassdoor*.

Aus all diesen Informationen bilden Sie sich dann ein Gesamturteil und überlegen, ob Sie Ihre Arbeits-/Lebenszeit dort verbringen möchten.

Das Wunderbare nach der Beantwortung der ersten zwei Punkte Ihrer persönlichen Checkliste ist Folgendes:

Sie wissen nun alles über sich selbst und Sie wissen ganz genau, warum Sie sich bei diesem Unternehmen bewerben. Der besondere Charme dabei ist aber, dass Sie bestens für den Einstieg in jedes Bewerbungsgespräch gewappnet sind, Sie kennen nämlich die Antwort auf die wichtigsten Fragen, welche Personaler Bewerbern gerne stellen:

„Wer sind Sie?“
„Wo kommen Sie her?“
„Erzählen Sie doch mal von sich.“
„Wieso haben Sie sich gerade bei uns beworben?“

Sie sind jetzt optimal vorbereitet und mit etwas Übung im Vortragen werden Sie gerade zum Gesprächsbeginn Ihre Nervosität viel besser im Griff haben.

3. Welche Qualifikationen werden benötigt?

In jeder Stellenanzeige finden Sie aufgeführt, welche Anforderungen man an Sie stellt und was Sie mitbringen sollten. Da ich immer das Gefühl habe, dass hier allgemeine Anforderungen genannt werden, die bei allen Anzeigen identisch zu sein scheinen, würde ich Ihnen empfehlen, sich mit der Stelle auseinanderzusetzen und Recherche zu betreiben, wie denn ein Arbeitsalltag in dem gewählten Beruf ausschaut. Dann erkennen Sie schnell, welche allgemeinen Skills Sie außerdem benötigen, um den Beruf gut ausüben zu können.

4. Welche Qualifikationen bringe ich mit?

Jetzt vergleichen Sie Ihre eigenen Qualifikationen mit den in der Stellenanzeige geforderten. Da Sie Punkt eins der Checkliste sehr intensiv bearbeitet haben, wird Ihnen das sicherlich schnell von der Hand gehen.

Stellen Sie fest, dass Ihnen Qualifikationen fehlen, dann finden Sie doch heraus, wo und wie Sie sich diese aneignen können.

5. Welchen Nutzen hat das Unternehmen von mir?

Stellen Sie sich doch bitte vor, dass Sie ein eigenes Unternehmen haben und Sie Menschen einstellen möchten, von denen Sie im Arbeitsalltag besonders gut unterstützt werden. Diese Mitarbeiter müssen und sollen Sie natürlich dieser Leistung entsprechend bezahlen.

Wenn Sie sich das vorstellen können, überlegen Sie noch dazu, wie sich ein Mitarbeiter oder eine Mitarbeiterin bei Ihnen einbringen müsste, sodass Sie selbst immer mit Freude und Stolz auf Ihre Entscheidung zurückblicken, sie oder ihn eingestellt zu haben.

Nun, das Schöne bei dieser kleinen Fantasiereise ist, dass Sie nun selbst herausfinden, was Ihnen wichtig ist und welchen Nutzen Sie sich durch die Person versprechen, denn genau diesen erwarten Sie ja von ihr. Sonst könnten Sie sich gleich das Geld und die Mühe sparen.

Die Person erbringt ihre Arbeitsleistung und erhält dafür als Gegenleistung ein Gehalt und hoffentlich auch die Wertschätzung, die sie verdient.

Wenn Sie also eines Tages in einem Bewerbungsgespräch sitzen sollten, dann überlegen Sie im Vorfeld, welchen gegenseitigen Nutzen ein gemeinsames Arbeitsverhältnis haben wird.

Mir hat diese Checkliste selbst sehr geholfen und meine Arbeit damit bestätigt mich auch immer wieder. Ich spüre in meiner Arbeit mit dieser Liste ein sehr starkes, neues Bewusstsein bei meinem Gegenüber. Das Wichtigste dabei ist aber, wie bei allen Dingen des Lebens, dass Sie es wollen und offen dafür sein müssen.

Der Charme dieser Liste ist vor allem, dass Sie sich mit sich selbst beschäftigen und Ihnen Perspektiven offenbart werden, an die Sie im Vorfeld nicht gedacht haben. Der Gag dabei ist, dass Sie parallel *lösungsorientiert* und *zukunftsplanend* arbeiten.

Die Bewerbung

Gibt es die perfekte Bewerbung?

Wieso ich das als Frage formuliere? Ich komme gleich darauf. Zunächst möchte ich Ihnen mitteilen, weshalb ich darüber schreibe und wieso mir das Thema so am Herzen liegt.

Ein Kunde teilte mir einmal mit, dass er eine Mail mit einem kostenpflichtigen Angebot bekommen habe, welches folgendermaßen lautete:

Ich erstelle Ihnen die perfekte Bewerbung und den perfekten Lebenslauf und garantiere Ihnen viele Vorstellungsgespräche.

Weiterhin wurde versprochen:

Sollte dies nicht zum gewünschten Erfolg führen, wird Ihr Lebenslauf kostenfrei optimiert.

Zunächst fragte ich mich: Gibt es überhaupt *die perfekte Bewerbung*? Und die zweite Frage, die ich mir stellte, war:

Sollte es die perfekte Bewerbung tatsächlich geben, wie könnte man diese dann noch optimieren?

Mal ehrlich: Eine perfekte Bewerbung gibt es schlichtweg nicht. Wie sollte es sie auch geben? Auf dieser Erde leben circa 7,7 Milliarden Menschen. Wir kommen aus unterschiedlichen Kulturen, haben verschiedene Geschmäcker, sind unterschiedlich aufgewachsen. Diese Aufzählung ließe sich noch endlos fortsetzen.

Heißt es nicht außerdem immer: Für den ersten Eindruck gäbe es keine zweite Chance? Der Mensch, der in der Abteilung sitzt und für Ihre Bewerbung verantwortlich ist, nimmt Ihre Bewerbung aus dem eigenen Blickwinkel wahr und beurteilt sie entsprechend. Was ihm gefällt, muss nicht zwangsläufig einem anderen ebenso gut gefallen. Sicher gibt es Kriterien, nach denen in einer Bewerbung geschaut wird, wie beispielsweise Qualifikationen, Alter usw., aber der erste Eindruck bleibt trotzdem und dieser ist sehr subjektiv

Und genau aus diesem Grund wird es auch nie eine perfekte Bewerbung geben. Ich kann Ihnen immer nur empfehlen, sich die Angebote ein wenig genauer anzuschauen. Hinterfragen Sie sie zumindest auch. Ich könnte jetzt behaupten, dass meine Bewerbungen immer sehr positiv ankommen und Personaler mir das bereits bestätigt haben. Das heißt aber noch lange nicht, dass Sie meine Bewerbungen auch so großartig finden.

Drei Komponenten sollten meines Erachtens in einer Bewerbung immer erfüllt sein:

> Die Bewerbung sollte Sie widerspiegeln
> Sie sollte das Unternehmen widerspiegeln
> Sie sollte ein wenig „Werbung“ widerspiegeln

In vielen Stellenanzeigen liest man so etwas wie: *Wir sind der führende* ... oder *Wir sind eine der größten* ... usw.

In diesem Tenor könnte man hier sicherlich noch einige Zeilen füllen. Was ich damit sagen will: Die Firmen betreiben in ihren Stellenanzeigen aktiv Werbung. Also zeigen Sie Selbstbewusstsein: Werben Sie bitte Ihrerseits für sich. Sie wollen doch unter all den anderen Bewerbern positiv herausstechen.

Das Vorstellungsgespräch

Authentizität zeigen oder sich verstellen?

Immer wieder werde ich gefragt: „Herr Wagenhäuser, wie soll ich mich in einem Vorstellungsgespräch verhalten?“

Allein die Frage impliziert schon, dass man bereit wäre, sich zu verstellen, wenn man in einem Vorstellungsgespräch sitzt. Ich muss Ihnen ehrlich sagen: Ich rate jedem davon ab. Bleiben Sie auf jeden Fall authentisch. Ich nenne es auch gern ECHT.

Ich sage das aus zwei Gründen. Der erste ist recht simpel. Ein gut geschulter Personaler mit Menschenkenntnis wird Ihre Schauspielkunst erkennen und damit wären Sie aus dem Rennen, weil Sie ihm dann schlichtweg etwas vormachen. Der zweite Grund ist für mich der wichtigste. Nehmen wir an, Sie erhalten den Job, weil Sie sich mit Ihrer Schauspielkunst gut verkauft haben und die Firma so richtig von Ihnen angetan ist. Kompliment für Ihr Theatertalent, aber ansonsten Daumen nach unten. Warum? Weil Sie gerade eine Erwartungshaltung etabliert haben, der Sie auf Dauer nicht gerecht werden können. Und was dann?

Also fragen Sie sich lieber, ob Sie wirklich in einer Firma arbeiten möchten, in der Sie aufgrund einer Täuschung für eine andere Person gehalten und nur deswegen eingestellt wurden.

Möchten Sie nicht lieber Sie selbst sein, also *echt* sein und dann Ihre Fähigkeiten in einer Firma, einer Abteilung und einem Team einsetzen, in dem Sie und Ihre Kollegen sich miteinander wohlfühlen? Missverstehen Sie das jetzt bitte nicht als Kuschelkurs. Aber seien wir ehrlich: Fühlen wir uns nicht viel wohler, wenn wir für unsere *Echtheit* geschätzt werden? Ich denke, dadurch kann auch jeder viel mehr von seinem Potenzial abrufen.

Wie mit Krankheiten im Bewerbungsgespräch umgehen?

Eine immer wieder gern gestellte Frage von Bewerbern lautet: Wie gehe ich im Bewerbungsgespräch am besten mit Krankheiten um? Ich gestehe, dass ich so manches Mal selbst hin und her gerissen bin, insbesondere, wenn ein Mensch vor mir sitzt, der schon sehr lange nach einem Job sucht und mir erklärt, dass er nach jedem Vorstellungsgespräch eine Absage erhielt, nachdem es bis zu diesem Thema recht gut gelaufen sei. Der Bewerber habe gespürt, wie das Gespräch plötzlich eine unangenehme Wendung nahm, nachdem er von einer Krankheit berichtet habe, die er in der Vergangenheit hatte, insbesondere, wenn eine über fünfzigprozentige Schwerbehinderung vorliege.

Wie geht man also damit nun um? Sie können sehr viele Menschen fragen und werden ebenso viele unterschiedliche Meinungen zu hören bekommen. Ich glaube, dass jede dieser Meinungen durchaus ihre Berechtigung hat. Immerhin haben sehr viele Menschen selbst Erfahrungen mit ähnlichen Situationen gemacht oder von Bekannten diverse Geschichten gehört.

Als systemischer Karrierecoach empfehle ich meinen Kunden meist, den GMV einzuschalten, sprich: den gesunden Menschenverstand. Eine perfekte Lösung gibt es wie so oft im Leben nicht. Was würde ein Rechtsanwalt in einem solchen Fall sagen? Genau: *Es kommt darauf an*.

Ich persönlich würde zum Beispiel von meinem Schlaganfall erzählen. Ich möchte, dass meine Kollegen richtig reagieren, wenn ich eines Tages wegen eines erneuten Schlaganfalls am Arbeitsplatz zusammensacken sollte.

Teil IV: Widerstandskraft (Resilienz)

Kommen wir nun zu meinem ganz persönlichen Thema, welches für mich sicherlich der entscheidende Faktor zum Verfassen dieses Buches war.

Mit meiner Geschichte und meinem heutigen Wissen bin gerade ich mir im Klaren darüber, wie wertvoll eine hohe Resilienz ist. Zurzeit ist *Resilienz* zu einem Modebegriff geworden und zumindest wird gefühlt jeden Tag eine neue Sau durchs Dorf getrieben.

Mitunter lese ich auch von Menschen, die noch nie Widerstände haben überwinden müssen, die aber sehr genau wissen, wie ein Mensch sich in einer sehr prekären Lage fühlen mag und was dieser Mensch unternehmen kann, um diese Herausforderung gut zu meistern.

Ich schrecke dabei teilweise zusammen und habe mir vorgenommen, Ihnen hier ganz persönliche Tipps zu geben. Nennen Sie es meinetwegen auch Empfehlungen, Tools oder wie auch immer, Hauptsache, es ist etwas dabei, was Ihnen helfen wird. Mir haben jedenfalls viele Dinge geholfen. Damit Sie aber zunächst einmal wissen, was unter Resilienz zu verstehen ist, kommt hier meine Erklärung:

Resilienz ist für mich die Fähigkeit, mittelgroßen oder großen Widerständen zu trotzen und sich von ihnen nicht umwerfen zu lassen. Bin ich doch einmal hingefallen, so gibt meine Resilienz mir die Kraft, wieder aufzustehen und womöglich sogar gestärkt aus der Krise hervorzugehen. Es wird in diesem Zusammenhang auch gern von der *psychischen Widerstandskraft* gesprochen.

Die Resilienz beinhaltet sieben Säulen, die als Faktoren für eine hohe Widerstandskraft gelten.

Die 7 Säulen

Optimismus
Akzeptanz
Lösungsorientierung
Die Opferrolle verlassen
Verantwortung übernehmen
Netzwerkorientierung
Zukunftsplanung

Ich persönlich mag diese sieben Säulen. Sie sind so schön treffend für meine Biografie. Ich behaupte frech, dass ich mir diese sieben Säulen geradezu einverleibt habe und nur deshalb all meine gesundheitlichen Einschläge verkraftet habe. Sie waren auch nicht alle sofort und immer da, sondern einige habe ich im Laufe der Jahre dazugelernt. Meist waren es meine Verbündeten, durch die ich all das lernte. Dazu aber später gern mehr.

Ich nutze dieses Wissen heute ganz selbstverständlich in meiner Funktion als Karrierecoach und Resilienztrainer. Daher ist es mir ein Anliegen, Ihnen auf den nächsten Seiten Informationen, Beispiele und Hilfestellungen zu geben. Wenn es Ihnen damit gelingt, eine gute Resilienz für sich selbst zu schaffen, dann machen Sie mich glücklich. Gern können Sie mir auch eine Nachricht schreiben und mir mitteilen, inwieweit Ihnen meine Sicht der Dinge geholfen hat.

1. Säule: Optimismus

Ist es nicht herrlich, optimistisch zu sein und ganz gleich, was passiert, hinter allem immer nur das Gute zu sehen?

Obacht, möchte ich hier nur sagen. Ich werde mitunter sehr schräg angeschaut, so nach dem Motto: *Wie kann man immer nur gut drauf sein?*

Eine frühere Bekannte sagte mal, als sie selbst mal wieder in einer wenig prickelnden Phase war, vorwurfsvoll zu mir: „Dir scheint ja eh immer die Sonne aus dem Arsch.“

Ich war etwas irritiert, denn ich finde – rein persönlich gesehen – gar nichts Verwerfliches daran. Im Gegenteil, ich finde es sogar eher klasse. Ja, ich könnte jetzt jammern und sagen: „Ich hatte so oft Pech. Wieso bekomme gerade ich diese Krankheiten, immer nur ich? Ach, die ganze Welt ist scheiße.“ Aber mal ehrlich, was ändert sich dadurch? Ich sage: rein gar nichts. Aber etwas vielleicht doch. Ich ändere durch Optimismus meine Einstellung zum Leben, meine ganz persönliche Haltung und dadurch geht es mir besser.

Klar habe ich bei all den einzelnen Einschlägen auch Zeiten des Verzweifelns gehabt und mir auch das Recht genommen, mal so richtig zu schreien. Aber nach einer gewissen Zeit habe ich mir dann immer überlegt, wie ich mit der jeweiligen Situation besser umgehen kann.

Schauen wir uns die Sache mit dem Autounfall und dem zweiten Schlaganfall an. Nach dem Autounfall gab es viele Momente, in denen ich weinte oder auch mit mir und der Welt um mich herum haderte. Ich stellte mir dann aber irgendwann vor wieder Fußball zu spielen, einfach Spaß zu haben und ich dachte irrsinnig darüber nach, wie ich das schaffen kann. Ich gebe zu, ich hatte auch etwas Glück, dass meine Familie sehr verantwortungsvoll mit mir umging und meine Mutter täglich mit mir zur Therapie ging. Mein Traum, wieder Fußball zu spielen, trieb mich jeden Tag an hart dafür zu arbeiten. Klar, es würde nicht mehr zum Profifußballer reichen, aber ich wollte wieder mit meinen Freunden und meinem Bruder auf dem Bolzplatz stehen. So lernte ich schließlich mit neuem Schuhwerk auch meine Tore zu erzielen.

Höchstwahrscheinlich finden Sie und ich, dass es vollkommen normal ist, dass eine Mutter täglich mit ihrem Sohn ins Krankenhaus fährt und dann noch daheim Übungen für den kaputten Fuß mit ihm durchgeht.

Glauben Sie mir, ich erlebe es in meiner Tätigkeit recht häufig, dass mir junge Kunden erzählen, keinerlei Unterstützung seitens der Eltern gehabt zu haben. Sehr viele Eltern sind mit ihrer Elternrolle überfordert und setzen ihre Kinder lieber vor die Spielkonsole.

Ich kann mich noch gut an den Moment erinnern, als ich nach meinem Schlaganfall kaum fähig war, zu laufen und mich in den Rollstuhl setzte. Ich saß da einige Minuten und dann kamen mir auch schon die Tränen. Mein erster Gedanke damals war die Frage, wo der nächste Strick zu finden wäre. Dann aber sagte ich mir: *Roland du tust jetzt alles dafür, nicht auf den Rollstuhl angewiesen zu bleiben.*

Am nächsten Tag nahm ich nur noch den Rollator und quälte mich zwar beim Laufen, wollte es aber tun, so lange ich es noch konnte. Natürlich gehört eine Menge Glück dazu, aber ich bin fest davon überzeugt, dass Glück eher demjenigen zufällt, der es einerseits zu erzwingen versucht und andererseits positiv denkt.

Mein Optimismus und der Wille, so schnell wie irgend möglich aus dieser Situation herauszukommen, ließen mich jeden Tag in der Reha und daheim hart arbeiten. Gut war zudem, dass ich durch meinen damaligen Unfall auch gelernt hatte, Hilfe anzunehmen. Somit war ich immer dankbar, wenn Ergotherapeuten und andere Menschen um mich herum waren, die mich darin bestärkten an meiner Gesundung zu arbeiten und mir auch Tools an die Hand gaben, mit denen ich auch allein etwas für meinen Fortschritt unternehmen konnte.

Ich hatte zum Beispiel eine Schüssel voller Linsen, in der eine glatte Murmel versteckt war. Mit der Hand, in der weniger Gefühl vorhanden war, versuchte ich immer wieder, diese Murmel zu erfühlen. Gleichzeitig wurden durch diese Übung meine Nervenzellen stimuliert.

Heute schaue ich mit Stolz zurück und erkenne, wie viel ich erreicht habe. Den Optimismus werde ich mir deshalb niemals nehmen lassen.

2. Säule: Akzeptanz

Kennen Sie das auch? Sie unterhalten sich mit Familie, Freunden oder Geschäftspartnern. Irgendwann macht einer einen Vorschlag, was man in naher Zukunft unternehmen kann. Sie machen einen Gegenvorschlag, aber der wird recht schnell abgeschmettert. Jetzt liegt es an Ihnen, die Sichtweisen Ihrer Gegenüber zu akzeptieren oder es nicht zu tun. Wie wichtig sind Ihnen die Gesprächspartner, wie wichtig ist Ihnen Ihr eigener Vorschlag?

Können Sie andere Sichtweisen, andere Verhaltensweisen, andere Meinungen akzeptieren, so wie sie sind? Können Sie sich selbst akzeptieren, so wie Sie sind? Ohne dabei zu hart mit sich selbst ins Gericht zu gehen? Das eine ist etwas gezwungenermaßen zu akzeptieren, das andere ist die innere Haltung dazu.

Ich würde, wenn ich ehrlich bin, für das Thema Resilienz gern noch eine achte Säule hinzunehmen und zwar die der

Haltung. Alternativ würde ich sonst – wenn sich die beiden Begriffe inhaltlich zu sehr ähneln – den Begriff *Haltung* dem der *Akzeptanz* vorziehen. Aber wir bleiben jetzt bei der offiziellen Version des Begriffs, der *Akzeptanz*.

Sie müssen zu dieser Säule wissen, dass ich seit jeher ein sehr ungeduldiger Mensch war und auch heute noch zu Ungeduld neige. Während der einzelnen gesundheitlichen Schicksalsschläge war diese Säule für mich daher wohl die schwerste Hürde. Wenn ein Kind, das Fußballstar werden will und sich nichts anderes wünscht, als den Ball zu kicken, das plötzlich nicht mehr kann, dreht es bald durch. Diesem Kind geht die Genesung nie schnell genug, aber viele Therapiestunden erfordern nun einmal Geduld und vor allem das Akzeptieren der momentanen Situation.

Für ein Kind im Alter von elf Jahren ist das nicht einfach, ja, fast unmöglich. Es gab für mich keine innere Haltung, die so etwas besagte wie: *Roland, du bist okay, so wie du bist. Du hast dir das nicht ausgesucht. Ein Leben, ja, sogar ein schönes Leben, ist auch so möglich.* Einer derartigen Haltung war ich damals überhaupt noch nicht fähig. Also fand ich mich selbst sehr lange doof, baute eine Mauer um mich auf und war dadurch wenig zugänglich. Das besserte sich im Laufe der Zeit, aber der Anfang war natürlich echt beschissen. Ich glaube sogar, ich habe mich danach viele Jahre nicht so richtig akzeptieren können. Ich fand aber durch meine Art einen Weg, damit umzugehen und hatte zum Glück richtig gute Freunde.

Später dann, beim zweiten Schlaganfall, war ich plötzlich gelähmt und ständig auf andere Hilfe angewiesen. Es gab Tage, an denen ich am liebsten nur noch mit mir und meinem Leid allein sein möchte. Dann können gute Ratschläge, die liebevoll gemeint sind, einem auf den Nerv gehen, was man aber nicht zeigen darf, denn man ist sich ja der guten Absicht dahinter bewusst.

Normal mit Messer und Gabel zu essen, funktionierte nicht mehr und ständig war da die Angst, ob das jemals wieder weggeht oder ich jetzt den Rest meines Lebens in dieser Situation bleiben werde. Geld war für mich damals übrigens gar kein Thema. Gehen Sie davon aus, dass Sie in einer solchen Situation nicht zuerst ans Geldverdienen denken, sondern nur an die ganz einfachen elementaren Dinge des Lebens.

Die Hauptproblematik ist es, den Schlaganfall zu akzeptieren und die Situation so anzunehmen, wie sie ist. Es kommen Fragen auf wie: *Kann ich jemals wieder allein in einer eigenen Wohnung leben? Welche gesunde Frau hat jetzt noch Bock auf einen Typen wie mich? Kann ich beruflich jemals wieder Fuß fassen oder muss ich eine Tätigkeit in einer Behindertenwerkstatt anfangen?*

Fragen über Fragen kamen in mir hoch. Das Schlimme war nur, dass ich zu keiner der vielen Fragen eine Antwort hatte. Selbst die Therapeuten und Ärzte sagten immer nur: „Bitte haben Sie Geduld. Der Genesungsprozess dauert mitunter viele Jahre."

Scheiße, ich wollte das nicht akzeptieren, sondern einfach nur noch weinen.

Für ein Stehaufmännchen gibt es aber immer wieder genügend Tage, an denen es kleine Verbesserungen zu spüren gibt und dadurch schöpfte ich wieder Hoffnung. Durch das ständige Treppengehen lernte ich wieder besser zu laufen und der Umgang mit Messer und Gabel wurde im Laufe der Zeit auch wieder spürbar besser, sodass ich eines Tages merkte: *Hey, jetzt ist es zwar schon Monate her, aber es verbessert sich doch ständig wieder etwas.* Also wurde ich quasi gezwungen, Geduld zu haben. Diese Erfahrung kommt mir heute übrigens sehr entgegen. Und als dann nach sechs Monaten plötzlich beide Augen wieder in dieselbe Richtung schauten, war sie auf einmal da: die Selbstakzeptanz. Klar, auch heute spüre ich noch kleine Auswirkungen des Schlaganfalls. Die Feinmotorik in der linken Hand funktioniert nicht wie die in der rechten, aber es geht.

Dadurch, dass ich diese schwere Zeit so gut überwunden habe, neigte ich dazu, anderen mitteilen zu wollen, wie auch sie es schaffen können. Auch dabei war es wichtig zu lernen und zu akzeptieren, dass jeder in seiner eigenen Welt lebt und nicht alle denselben Weg beschreiten müssen wie ich.

Wenn ich heute für die Deutsche Schlaganfallhilfe unterwegs bin, hilft mir diese Erkenntnis sehr. Ich helfe immer noch sehr gern, aber nicht mehr wie früher, als ich Vorschläge machte und dann enttäuscht war, wenn sie nicht umgesetzt wurden. Nein, ich gebe nur Ideen und Impulse weiter und welche davon genutzt werden, das liegt nicht in meiner Hand. Ich habe gelernt zu akzeptieren.

3. Säule: Lösungsorientierung

Was heißt denn überhaupt Lösungsorientierung? Auch hierzu können Sie wieder ganz viele unterschiedliche Meinungen hören, insbesondere wenn es um die Priorisierungen der Lösungen geht.

Für mich bedeutet es ganz einfach, dass ich mir Ziele gesetzt habe und mir dann die Frage stelle, wie ich diese erreichen kann – oder was ich anders hätte machen sollen, wenn ich ein Ziel nicht wie gewünscht erreicht habe. Das erfordert natürlich eine gehörige Portion gesunde Selbstreflexion und mal wieder einen Tritt in den Arsch des imaginären Schweinehunds, wenn ich mich auf die Suche nach einem Sündenbock begeben sollte.

Sehr schnell kommen dann nämlich solche Sätze: *Ach, der/die/das ist doch daran Schuld, dass es nicht funktioniert hat.* Meist folgen weitere Sätze mit *hätte, wenn* und *aber* im direkten Nachgang. Glauben Sie nicht, dass Ihnen das auch nur ansatzweise hilft.

Wenn Sie sich auf die Suche nach einer Lösung machen, fragen Sie sich immer, was Sie tun können, damit etwas funktioniert und nicht, warum etwas schiefgehen kann. Schreiben oder malen Sie sich Ihr Ziel auf und schaffen Sie sich somit Ihre eigene Vision und dann kommen Sie ins Tun. Überlegen Sie, wie Sie diese Vision Schritt für Schritt umsetzen können.

Ich möchte Ihnen an dieser Stelle mein eigenes großes Ziel verraten, nämlich eines Tages als Speaker auf der Bühne zu stehen und Menschen zu motivieren, mehr an sich zu glauben und zwar auf eine sehr ehrliche und authentische

Art und Weise. Dazu habe ich mir für das Jahr 2020 mein eigenes *Vision Board* angefertigt.

Ich habe mir ein Flipchart genommen, darauf eine Bühne, Publikum und Scheinwerfer, die auf mich scheinen, aufgezeichnet und ein Bild von mir auf die Bühne geklebt. Dieses große Blatt Papier strahlt mich nun jeden Tag an und lässt mich die Szene ein gutes Stück weit empfinden. Es motiviert mich noch stärker auf mein Ziel hinzuarbeiten.

Sie müssen jetzt nicht unbedingt direkt dasselbe machen wie ich, aber ich halte es für sehr hilfreich, wenn Sie Ihr Ziel ganz konkret beschreiben, benennen und es auch Ihrem Umfeld kundtun. Gerade Letzteres hat den Vorteil, dass Sie wahrscheinlich immer wieder mal danach gefragt werden, was Sie zusätzlich an Ihr Vorhaben erinnert. Zumindest mache ich es so. Ich baue mir damit einen ganz kleinen, subtilen Druck auf. Wenn Sie das aber ganz doof finden, lassen Sie es. Sehen Sie wie bisher die von mir gemachten Erfahrungen nur als Tipps oder Empfehlungen an. Sie entscheiden ganz allein, was für Sie sinnvoll ist und was nicht.

Ein weiteres schönes Beispiel dafür, wie man lösungsorientiert arbeiten kann, ist in meinem Fall die Zeit nach dem Ausstieg bei Vodafone, genauer gesagt der Weg zu meiner heutigen Coaching- und Trainertätigkeit.

Im Detail war es nämlich so: Als ich aus Kapstadt zurückkam und meinen heutigen Freund Torsten kennenlernte, hatte ich zunächst noch zwei kurze Tätigkeiten als Teamleiter in der IT, die für mich als Überbrückung gedacht waren, bevor ich hundertprozentig sicher war, welche Selbstständigkeit ganz konkret auf mich wartete.

In dieser Überbrückungszeit überlegte ich immer wieder, wer ich bin, was mich ausmacht, wann ich bisher am glücklichsten gewesen war und wie andere über mich dachten. Dabei wurde mir schnell klar, dass es oft Aussagen sind, die eine unglaubliche Kraft haben, wenn ich sie bewusst wahrnehme. Diese Sätze haben mir etwas Wichtiges verdeutlicht, nämlich dass es schon immer alles in mir steckte. Es waren Aussagen wie diese:

Ohne dich ist es so ruhig hier (im Brief meiner damaligen Klassenkameradin Susanne und von meinen Lehrern).

Immer bist du positiv und dir scheint eh ständig die Sonne aus dem Arsch (von meiner Ex).

Roland, du hast eine sehr positive Ausstrahlung auf deine Mitschüler. Sie hören dir gern zu (ein Lehrer in Kapstadt).

Sie wären ein toller Coach. Ich nehme Sie als sehr dienstleistungsorientierten Menschen wahr, der zudem voller Motivation ist (mein Coach Torsten).

Wenn ich mir nun diese Sätze anschaue und überlege, dass ich schon immer gern im Mittelpunkt stand, dann kann ich zumindest hier einen roten Faden erkennen.

Als Coach und Trainer stehe ich oft im Mittelpunkt, nicht weil ich es grundsätzlich möchte, aber es geschieht automatisch. Wenn ich vor Klassen stehe und etwas vermitteln möchte, sind ja zwangsläufig alle Augen auf mich gerichtet.

Als früherer Klassenclown fällt es mir eben leichter, nicht alles von der bierernsten Seite zu betrachten. In meinen Coachings und Unterrichten ist Lachen nicht nur erlaubt, sondern ausdrücklich erwünscht. Ich bin der festen Überzeugung, dass sich die meisten Menschen wohler fühlen und mehr öffnen, wenn es etwas lockerer zugeht.

Weil ich durch und durch Dienstleister bin, begegne ich meinem Gegenüber mit Wertschätzung und einer Kommunikation auf Augenhöhe.

Als ich in meiner Trainer-Ausbildung war, merkte ich sehr schnell, dass ich die richtige Entscheidung getroffen hatte, sodass ich voller Enthusiasmus am Unterricht teilnahm. Auch hier hätte ich auf die Bedenkenträger hören können, die es aus ihrer Sicht bestimmt gut meinten, aber ich war immer nur auf der Suche nach der Lösung für das Gelingen und hatte kein Interesse an der Suche nach einem Grund für ein Scheitern.

Witzig fand ich meinen Zugang zu dem Thema oder der Frage, wie ich später als Trainer und Coach fungieren würde.

Ich erlebte in meiner Ausbildung eine Menge Kollegen und einige davon waren richtig toll. Es gab aber auch welche, die ich als ganz schlimm empfand und genau an denen orientierte ich mich. Jetzt fragen Sie sich vielleicht: „Hä, ist der blöd? Man lernt doch immer von den Besten."

Ja, Sie können eine Menge von den Besten lernen, aber von den anderen, die Sie so überhaupt nicht begeistern, können Sie noch unglaublich viel mehr lernen und zwar indem Sie sich ganz genau notieren, was konkret Ihnen nicht gefällt und warum. Ja und dann machen Sie es einfach nur anders. Das klingt vielleicht einfach, aber es ist so. Ich habe es erlebt. Und tatsächlich ist es gar nicht unbedingt einfach, denn vielleicht sind Sie vom Naturell her auch eher ein Typ wie der Lehrer, den Sie so gar nicht gut finden. Ja, das kann sein und dann kostet es nämlich eine Menge Arbeit, sich neu zu erfinden.

4. Säule: Die Opferrolle aufgeben

Ja, die Opferrolle, die mag ich ganz besonders. Diese Rolle zu übernehmen ist so herrlich einfach und dazu braucht es nicht viel Energie. Gäbe es Geld dafür, sich als größtes Opfer zu sehen, würden, wie ich glaube, sehr viele Menschen um diesen Posten konkurrieren.

Auch ich kenne diese Rolle von mir selbst sehr gut. Ich habe heute noch ganz deutlich den Roland vor mir, der im Bett liegt und weint und sich fragt, warum gerade er immer alles Negative abbekommt. Ich war schier am Verzweifeln und gab Gott und der Welt die Schuld daran.

Ich finde übrigens gar nichts Verwerfliches daran, in bestimmten Momenten auch mal zu verzweifeln, mit dem Schicksal zu hadern, anderen die Schuld zu geben und sich dann so richtig schön dem Selbstmitleid hinzugeben.

Ich bin aber kein Freund davon, sich allzu lange in dieser Phase zu befinden. Es ändert ja nichts.

Wie habe ich es geschafft, meine Situation zum Positiven zu ändern? Indem ich zum Beispiel den Schlaganfall akzeptierte und nicht mehr als meinen Feind ansah, der mich überwältigt und in ein imaginäres Gefängnis geworfen hat. Ich versuchte ihn als einen Wegbegleiter zu sehen, der mir nicht sympathisch war und den ich einfach nur loswerden wollte. Dazu musste ich meine Opferrolle verlassen, denn es war aktive Arbeit von mir gefragt.

Aktiv konnte ich aber nur werden, wenn ich mich nicht mehr als Opfer ansah. Sonst hätte ich mir ja sagen müssen, dass die Anstrengung sowieso nichts bringt. Ich weiß nicht, was ich heute machen würde oder wo ich heute wäre, wenn ich diese Einstellung gehabt hätte.

Diese positive Einstellung zum Leben versuche ich heute auch immer in meinen Coachings zu leben. Ich muss da direkt an einen Fall denken, der noch gar nicht lange her ist. Ein Kunde kam zu mir ins Karrierecoaching, weil er eine neue Arbeit finden wollte. Wir stellten uns einander vor, ich fragte ihn, wie ich ihm am besten helfen könne und bat ihn, mir seinen Lebenslauf zu schildern.

Nun, sein Lebenslauf war sehr schnell geschildert, denn er hatte, wenn man es ganz realistisch betrachtet, noch nie gearbeitet. Okay, da war die eine oder andere Ausbildung, die alle sehr verzögert abgeschlossen worden waren und ein paar tageweise ausgeführte Aushilfsjobs, aber so richtig am Stück gearbeitet hatte er nicht.

Ich fragte ihn, welchen Anteil er selbst an seinem Lebenslauf habe. Er schaute mich an und erklärte, dass er als junger Mann mal eine kleine wilde Phase gehabt habe, nach der ihm niemand mehr eine Chance habe geben wollen, obwohl er seither alles für eine positive Wendung in seinem Leben getan habe. Er war mittlerweile fast dreißig Jahre älter!

In unseren Treffen wurde schnell deutlich, dass er allen Vorschlägen gegenüber negativ eingestellt war. Was immer als Vorschlag oder Impuls gesetzt wurde, er schmetterte alles vehement ab. Der Tenor war: Das klappe eh nicht, er bekäme eh keine Chance und andere seien bisher immer nur unfair gewesen.

Für mich ist das die Opferrolle par excellence. Alle sind doof und keiner gibt ihm eine Chance. Die ganze Welt ist gegen ihn, dabei bemüht er sich doch so sehr.

Ich versuchte ihm deutlich zu sagen, dass er mit dieser negativen Einstellung keinen Schritt weiterkommen werde und schnellstens aus seiner Opferrolle heraus müsse, wenn er seinem Leben ernsthaft eine Wendung zum Besseren geben wolle. Vielleicht können Sie sich denken, was geschah. Er wollte nicht mehr mit mir zusammenarbeiten, weil ich ja gegen ihn sei. Er war wieder das Opfer eines üblen Sündenbocks geworden, zumindest in seiner Welt.

Ich weiß auch, dass es nicht leicht ist, die im Laufe der Jahre eingenommene Opferrolle hinter sich zu lassen. Oft liegt dessen Ursprung ganz lange zurück und hat sich daher in der Persönlichkeit geradezu festgesetzt. Menschen, denen von klein auf wenig zugetraut wurde, denen von den Eltern, von angeblichen Freunden oder von wem auch immer lange eingetrichtert wurde, dass sie nicht viel können und sie es erst gar nicht zu versuchen brauchen, haben verständlicherweise kein besonders ausgeprägtes Selbstbewusstsein.

Um einen Schritt in eine bessere Zukunft zu unternehmen, ist es aber trotzdem absolut notwendig, diese Rolle abzulegen. Dabei kann man – nein, dabei sollte man sich sogar Unterstützung holen. Unterstützung halte ich für etwas ganz Tolles. Man muss ja nicht alles allein machen und es auch nicht können. Das Wichtigste ist nur, dass ich meine *innere Haltung* neu definiere und wirklich etwas verändern möchte.

5. Säule: Verantwortung übernehmen

Ein Kollege sagt immer zu mir: „Roland, jeder trägt die Verantwortung für sich selbst. Keiner setzt einem morgens die Pistole an den Kopf und zwingt einen aufzustehen."

Zunächst fand ich dieses Statement etwas hart. Als ich aber kurz darüber nachdachte, musste ich zumindest für mich anerkennen, dass er Recht hat. Kein Mensch hat mich damals dazu gezwungen, mich bei Mannesmann Arcor zu bewerben und dort anzufangen. Kein Mensch hat mich dazu gezwungen, nach Köln zu ziehen. Kein Mensch hat mich gezwungen, nach Essen zu wechseln. Und erst recht hat mich kein Mensch dazu gezwungen, im Jahr 2013 auf die Personalabteilung von Vodafone zuzugehen, um dem Unternehmen anzubieten, mich unter bestimmten Voraussetzungen loswerden zu können.

Das waren alles meine eigenen Entscheidungen. Und bei jeder dieser Entscheidungen war ich im Vollbesitz meiner geistigen Kräfte. Auch mit welchem Inhalt ich mein Sabbatical füllte, hatte in meiner Verantwortung gelegen. Die anschließenden zwei Jobs, bei denen mein Kunde wiederum Vodafone war, lagen komplett in meiner Verantwortung. Ich hatte mich da jeweils freiwillig beworben.

Von daher empfinde ich mein damaliges Gemotze bei meinen Arbeitgebern heute als oftmals ziemlich ungerechtfertigt. Klar, ich empfinde die Art des Umgangs mit Angestellten umzugehen auch jetzt noch als sehr unangemessen, eigentlich sogar beschissen, aber machen wir uns doch nichts vor, jeder von uns kann aufstehen, sagen, dass er sich das nicht bieten lässt und gehen.

Jetzt argumentieren natürlich einige, wie ich es mir gegenüber erlebt habe: „Tja, Roland du hast leicht reden, du hast keine Verpflichtungen, kein Haus abzubezahlen, keine Kinder, die Anforderungen stellen. In deinem Job musst du dich nicht permanent fragen, wie es weitergeht."

Sicher, das stimmt. Aber in wessen Verantwortung liegt es denn, eine Familie mit jemandem zu gründen, ein Haus zu bauen, sich in einen Job zu begeben, der einen nicht zufriedenstellt? Auch wenn es hart klingt, es liegt alles in der Verantwortung des jeweils Einzelnen.

Ich muss bei dem Thema Verantwortung gerade an einen Mitarbeiter denken, der mir sagte, er empfinde seine Arbeit als doof und die Firmenpolitik als vollkommen daneben. Als ich ihm entgegnete, er könne sicherlich auch einen Job finden, der ihm besser gefalle, und Arbeitszeit sei ja eben auch Lebenszeit, schaute er mich ziemlich genervt an. Seine Antwort fiel dann auch entsprechend aus: „Du hast leicht reden, du hast von Vodafone einen Geldkoffer bekommen und hast auch keinen Sohn."

Ich wusste in diesem Moment, dass jede Antwort von mir nur zu einem Pingpong-Effekt führen würde, weil er schon so tief in seiner Opferrolle steckte, sodass ich ihn mit seiner Meinung in Ruhe ließ. Ja, ich habe eine Abfindung erhalten, ja, ich habe keinen Sohn. Aber die Abfindung habe ich mir hart erarbeitet und leicht war mein Ausscheiden aus einem sicheren Job auch nicht. Immerhin habe ich eine Schwerbehinderung und hatte einige grenzwertige, wirklich heftige Krankheiten. Aber davon ließ ich mich nicht beeinflussen.

Es war meine Entscheidung zu gehen, auch wenn ich die eine oder andere schlaflose Nacht hatte und meine Zeit brauchte, um den Gedanken umzusetzen. Aber zu diesem Gedankengang war mein Mitarbeiter gar nicht fähig, da er schon viel zu tief in seinem Tunnel steckte.

Ich erlebe das auch heute immer wieder in meinen Coachings. Die eigene Verantwortung wird erstaunlich gern weggeschoben. Mir begegnet es immer wieder:

> Bitte wasch mich, aber mach mich nicht nass
> Bitte verändere etwas, aber fang nicht bei mir an

Wie soll sich in meinem Leben denn etwas verändern, wenn ich nicht bereit bin, bei mir selbst anzufangen? Was ist denn das Schlimmste, das passieren kann, wenn etwas, was ich mir vorgenommen habe, nicht klappt? Dann ist es halt schiefgegangen, aber ich habe es zumindest probiert und muss mich nicht jeden Morgen beim Blick in den Spiegel grämen und mir den Vorwurf machen, dass ich es nicht probiert habe.

Ich kann mich noch gut an die Fragen meines Therapeuten erinnern, als ich während des Burn-outs in der Klinik war. Er fragte mich, was passieren würde, wenn ich meinen Job hinschmisse. Ich sagte, dann wäre ich arbeitslos. Da fragte er mich, was dann passieren würde. Hm. Ich überlegte kurz und meinte, dass ich dann sicher eines Tages in Hartz IV fallen würde.

Er sagte, dass ich das nicht wissen könne und selbst, wenn es so wäre, was wäre denn dann? Ich erwiderte, dies sei für mich keine erstrebenswerte Zukunft. Das verstand er, gab aber zurück, dass meine momentane Situation und die Folgen, die ein Burn-out oder eine Depression nach sich ziehen könnten, ganz bestimmt erst recht keine Alternative seien.

Ich denke, wenn Sie und ich darüber nur kurz nachdenken, müssen wir ihm Recht geben.

Ich bin heute so froh, dass ich es wirklich bis ins kleinste Detail lernte, Verantwortung zu übernehmen. Gerade in meiner heutigen Selbstständigkeit ist das absolut vonnöten. Ganz gleich, was ich mache, es liegt in meiner Verantwortung. Ob ich viele oder wenige Kunden habe, liegt auch mit in meiner Verantwortung. Ich könnte morgens einfach liegenbleiben und hoffen, dass sich zufälligerweise ein Kunde verwählt und bei mir landet. Ich halte das aber für keine gute Idee, also muss ich meinen Arsch hochbekommen und versuchen, potenzielle Auftraggeber zu finden.

Als ich nach Köln zog, lag es genauso in meiner Verantwortung, neue Freunde zu finden. Schließlich wartete keiner auf mich, der hoffte, dass ich von Frankfurt nach Köln komme. Es war meine Entscheidung und lag in meiner Verantwortung.

Glauben Sie mir, ich war nicht mit jeder Entscheidung in meinem Leben so richtig zufrieden, aber ich habe sie eben alle getroffen, habe gelernt, auch mit falschen Entscheidungen zu leben und daraus das Beste zu machen. Denn das ist es im Endeffekt für mich, worum es geht:

Verantwortung zu übernehmen
Entscheidungen zu treffen
die Dinge selbst zu beurteilen und dann
gegebenenfalls Korrekturen vorzunehmen.

6. Säule: Netzwerkorientierung

Diese Säule ist auch so ein Thema, bei dem sich bei manch einem die Fußnägel nach innen rollen. Den Menschen, die aus dem Vertrieb kommen, fällt die Sache sicherlich leichter, denn sie leben quasi von der Kommunikation und dem Netzwerken. Für Vertriebler könnte Netzwerk auch Akquise bedeuten und ohne diese Akquise wird es auf Dauer im Vertrieb und auch für einen Selbstständigen recht schwierig. Daran scheitert es leider recht häufig. Woran das liegt, ist eigentlich leicht zu erklären, zumindest glaube ich, es zu wissen.

Menschen haben von früher Kindheit an Angst, abgewiesen zu werden. Keiner hört gern: *Nein, ich will jetzt nicht mit dir spielen. Nö, ich hab jetzt keine Zeit.* Später ist es genau das Gleiche. Was glauben Sie, wie oft sich ein

Vertriebler oder auch ich mir ein Nein abholen darf? Also ich habe mir so was schon ziemlich oft anhören müssen.

Nein, wir brauchen keinen Karrierecoach
Nein, zurzeit fehlt uns das Budget
Nein, wir haben genügend Coaches
usw.

Wenn ich mich dann jedes Mal von diesen Neins entmutigen ließe, würde ich es erst gar nicht mehr weiter versuchen. Aber zum Glück mache ich auch gute Erfahrungen. Vielen meiner Kollegen geht es ganz ähnlich, auch wenn sie es nicht gern zugeben.

Also heißt es: Suchen Sie sich immer wieder Menschen in Ihrer Umgebung, denen es vielleicht ähnlich geht. Ich persönlich habe diese Menschen gefragt, wie sie mit bestimmten Situationen umgegangen sind. Ich gehe heute gern zu interessanten Events und bin ab und an bei einem Co-Working angemeldet.

Ein breites Netzwerk hat einen Riesenvorteil: Jeder kennt irgendjemanden, der vielleicht auch wieder einen kennt. Und dadurch bieten sich Möglichkeiten, die sich ohne ein Netzwerk so nie ergeben hätten. Das Ganze funktioniert selbstverständlich nur, wenn man selbst auch bereit ist, anderen mit Tipps zu helfen. Einbahnstraßen funktionieren nämlich in einem Netzwerk auf Dauer nicht. Es ist leicht, Kontakte zu vergraulen, dann teilen diese es vielleicht anderen mit und schon beginnt das gut aufgebaute Netzwerk zu bröckeln. Sie sehen, Netzwerken erfordert Ihre eigene Offenheit und auch den Willen, andere an Ihren Erfahrungen partizipieren zu lassen.

Ohne meinen Freund Torsten hätte ich den Einstieg bei einem meiner Auftraggeber vielleicht nie erreicht. Als ich dann länger da war, riet ich einem Kollegen, den ich bei einem Weiterbildungsträger kennenlernte, sich dort zu bewerben und gab selbst seine Bewerbung ab. Heute arbeitet er auch als Karrierecoach dort.

Besonders im privaten Bereich ist es aus meiner Sicht unglaublich wichtig, sich ein positives und breites Netzwerk aufzubauen. Es gibt immer wieder Momente, in denen man nicht weiter weiß, seien es Beziehungsprobleme, Krankheiten oder auch mal Schwierigkeiten mit den Kindern. Ist es dann nicht toll, sich auf ein soziales Umfeld verlassen zu können, auf Menschen, die genau dann da sind, wenn es darauf ankommt?

Wie froh war ich, als meine Freunde und Bekannten da waren, als ich mit meinem Schlaganfall in der Reha lag, dass sie mich immer aufgefangen haben – und das nicht nur aus Mitleid, sondern weil sie echte Freunde sind und mich so nehmen, wie ich bin. Ich wusste immer: Egal, was passiert, auf sie kann ich mich verlassen. Dazu gehört aber auch, dass ich in der Lage bin, mir ihre Kritik anzuhören. Und das trifft mal mehr und mal weniger zu. Für mich gehört definitiv beides dazu, denn sonst kann ich nichts dazulernen, auch wenn mir die Kritik in dem Moment, in der sie ausgesprochen wird, nicht gefällt.

Es kann gut sein, dass Sie sich auch mal von Menschen entfernen müssen, wenn Sie merken, dass diese Ihnen nicht guttun. Das ist nicht einfach, aber auch das muss sein – und da haben wir sie wieder: Die Schleife hin zum Übernehmen von Verantwortung. Was hätten Sie davon, sich mit Personen zu umgeben, mit denen Sie sich nicht wohlfühlen und die Ihnen nicht guttun? Sie mögen sich weniger allein fühlen, aber so richtig gut finden Sie es bestimmt nicht, wenn Sie ehrlich zu sich selbst sind.

7. Säule: Zukunftsorientierung

Und schon sind wir bei der letzten Säule angelangt, der Säule, die tatsächlich jeder von uns mit beeinflussen kann, denn es geht um uns selbst. Wenn Sie die anderen Säulen ein wenig für sich verinnerlicht haben, können – nein sollten Sie sich an die Planung Ihrer Zukunft machen. Klingt einfacher, als es dann tatsächlich ist, aber Sie haben es in der Hand. Ich empfehle Ihnen, sich dazu ein paar ruhige Minuten zu nehmen, sich ganz genau zu überlegen, was Sie sich wünschen und sich dann an die Planung zu machen. Es gibt sicherlich viele verschiedene Wege, um eine Planung vornehmen zu können. Den Weg, der mir damals genützt und der mich sehr unterstützt hat, habe ich Ihnen bereits beschrieben.

Sie wissen vielleicht noch, wie ich vorgegangen bin, bevor ich meine langjährige Tätigkeit bei meinem Arbeitgeber Vodafone beendet habe. Ich hatte mir seinerzeit einen Projektplan erstellt, in dem ich bis ins kleinste Detail notierte, was ich wann unternehmen wollte, um mein Ziel zu erreichen. Der Vorteil dieser Vorgehensweise ist, dass Sie einen in sich schlüssigen Ablauf festlegen, sozusagen einen roten Faden, der Ihnen immer wieder Ihren Wunschweg anzeigt, wenn Sie in Gefahr geraten, ihn zu verlassen.

Natürlich können Sie sich erst an die Planung machen, wenn Sie sich über Ihr Wunschziel klar geworden sind. Vielleicht kennen Sie es schon sehr genau, vielleicht aber noch nicht.

Erstellen Sie sich einmal Ihre eigene Vision. Wenn Sie zaubern könnten und sich Ihr größter Wunsch erfüllt hat, nachdem Sie einfach mit den Fingern geschnipst haben, wie würde dieser erfüllte Wunsch aussehen? Wie würde es sich anfühlen? Was hätte sich konkret im Vergleich zu Ihrer jetzigen Situation geändert?

Vielleicht hört sich das nach Hokuspokus oder Blabla an, aber versuchen Sie es einfach mal. Wie gesagt, es geht immer nur um Ihre eigene Person und seien Sie es sich selbst wert, es zumindest zu versuchen.

Wenn Sie die weiter oben beschriebene kleine Zeitreise in Ihre Vergangenheit gemacht haben, sich überlegt haben, was Sie in Ihrer Kindheit oder Jugend gern gemacht haben, worum Sie andere Menschen beneidet haben, wofür Sie selbst gelobt oder worum Sie beneidet wurden, hilft Ihnen das hierbei sicherlich.

Ich weiß, auch das ist Arbeit, aber Sie tun sie für sich selbst und es lohnt sich. Zum einen beschäftigen Sie sich dadurch nur mit positiven Dingen, und das ist sehr gut für das Selbstbewusstsein, zum anderen erarbeiten Sie sich möglicherweise Ihr Wunschziel für die Zukunft. Sie sind in diesem Moment der Gestalter Ihres eigenen Weges und Ihrer Person.

Allein dieser Gedanke erfüllt mich schon mit Glück. Ich kann mich noch sehr gut an damals erinnern, als ich mich entschied, einen ganz neuen Weg einzuschlagen, bei dem mir keiner sagen konnte, was ich zu tun habe oder was ich machen soll.

Das heißt aber auch, sich ganz bewusst zu sein, dass man eine große Verantwortung für sich selbst übernimmt und die Konsequenzen, die sich daraus ergeben, selbst trägt.

Ich für meinen Teil kann immer und jederzeit mit Stolz zurückblicken und ebenso in den Spiegel schauen. Natürlich habe ich noch weitere Ziele, meine Reise ist noch lange nicht zu Ende. Ich habe Ihnen ja bereits mein größtes Ziel verraten. Ein anderes Wunschziel ist es, eines Tages ein kleines Institut auf einer Nordseeinsel zu besitzen, Gäste zu begrüßen und sie nach ein paar Tagen gestärkt für Karriere und Privatleben wieder zu verabschieden und ganz nebenbei meine geliebte Brise Nordseeluft um mich zu haben. Dann kommen sicherlich noch ein paar kleine Ziele hinzu, die ich zuerst anvisiere und dann in die Tat umsetze, aber dafür brauche ich noch etwas Zeit. Auch das habe ich gelernt: Erzwingen Sie nichts auf Teufel komm raus, sondern lassen Sie gelegentlich die Dinge fließen. Ich bin der festen Überzeugung, dass alles bereits in Ihnen steckt und die

Zeit von ganz allein kommt und Ihnen zeigt, dass nun der richtige Augenblick ist.

Nun, jetzt habe ich Ihnen ganz viel aus meiner Sicht über die sieben Säulen erzählt und mit meinen Beispielen dargelegt. Jetzt fragen Sie sich womöglich, was Sie davon haben. Sie hätten sich das ja auch im Internet anlesen können, nicht wahr? Ich hoffe aber trotzdem inständig, dass Ihnen das Lesen bis hierher Spaß gemacht hat und Sie motiviert wurden. Vielleicht haben Sie jetzt schon eine Menge guter Dinge an die Hand bekommen, die Ihrer Inspiration dienen.

Ich bin davon überzeugt, dass Beispiele, die mit den sieben Säulen direkt in Verbindung gebracht werden, besonders persönliche, die sehr von jemandem selbst kommen, mehr Kraft haben als bloße Theorie und dazu beitragen, dass einem leichter eigene Beispiele einfallen.

Mir geht es in diesem Buch darum, Sie zu motivieren an sich selbst zu glauben, nicht gleich den Kopf in den Sand zu stecken, nicht aufzugeben, sondern Herausforderungen, die sich Ihnen in den Weg stellen, zu meistern. Ich möchte vor allem, dass Sie den Begriff *positive Haltung* in Ihr Vokabular aufnehmen.

Daher nutze ich als Beispiele ganz normale Alltagssituationen, in die jeder geraten kann und die ich nicht kompliziert erklären muss – einfach Beispiele aus dem ganz normalen wundervollen Wahnsinn, den man Leben nennt.

Ich hoffe, dass es mir gelungen ist, Ihnen mein Leben und meine Sichtweise auf die Dinge so zu schildern, dass Sie einen optimistischen und positiven Menschen vor sich gesehen haben, denn das bin ich tatsächlich. Auch während ich gerade dieses Buch schreibe, bin ich voller Tatendrang und Optimismus und auch ein ganzes Stück weit stolz, dass ich es tatsächlich geschafft habe, ein Buch über mich zu schreiben, mit dem ich Sie zu motivieren hoffe.

Eigentlich wollte ich jetzt anfangen, Ihnen einige Tipps zu geben, die Sie in Ihren Alltag integrieren können. Mir ist aber nach dem Lesen meiner bisherigen Zeilen wiederholt ein Wort in den Sinn gekommen, das für etwas steht, was ich als größten Schatz und wichtigsten Tipp sehe. Diesem Wort möchte ich daher ein paar extra Zeilen widmen:

HALTUNG

Ich spüre jeden Tag mehr, wie wichtig eine innere Haltung zu den jeweiligen Kontexten für mich selbst und meine Coachees ist.

Ich habe es tatsächlich geschafft, mir eine positive Haltung zu meiner Person anzueignen. Während ich früher noch voller Zweifel war und mir positives Geschwafel mitunter auf den Geist ging, so merke ich heute, wie wichtig es für mich geworden ist. Ich blicke in mein direktes Umfeld und sehe, wie unzufrieden Menschen sind, die eine sehr negative Grundhaltung an den Tag legen, wie Ängste sie überkommen und sie mit sich selbst hadern. Und es bringt ihnen nicht im Geringsten etwas, im Gegenteil, denn sie genießen überhaupt nicht den Moment, den sie gerade erleben.

Mein Vater zum Beispiel hatte sein Leben lang eine sehr pessimistische Sicht auf das Leben. Menschen um ihn herum waren in seinen Augen meist böse, geizig, hinterhältig usw. Der Wortschatz, mit dem er mit seinen Kindern kommunizierte, war begrenzt. Ich kann mich am besten an Befehle wie *Nein, du musst ...*, *Du sollst ...* oder an Sätze wie *Der ist doof* und *Vertrau keinem, selbst der eigene Arsch bescheißt dich* und Ähnliches erinnern. Dann die Verbote und Einschränkungen, zum Beispiel abends spätestens um zehn zu Hause zu sein, mit der Begründung: *Was sollen die Leute sonst von uns denken?*

Diese Haltung begleitete mich mehr oder weniger durch meine gesamte Kindheit und Jugend, gleichzeitig war mein Vater immer sehr fleißig und pflichtbewusst. Wenn er einem Freund etwas zusagte, konnte der sich hundertprozentig darauf verlassen. Ich bin heute davon überzeugt, dass er es mit einer etwas positiveren inneren Haltung sich selbst und seiner Umwelt gegenüber leichter gehabt hätte. Mit Sicherheit würde er heute seine letzten Lebensjahre viel mehr genießen.

Ich bin sehr froh, dass ich eine positive Haltung gefunden habe. Anders hätte ich meine Krankheiten nicht überwunden und sie nicht so nutzen können, dass meine Umwelt und ich selbst einen Vorteil daraus ziehen konnten.

Selbst beim Autofahren spüre ich eine Änderung meiner Haltung. Ich bin nicht gerade der geduldigste Mensch und als solcher geht mir der Straßenverkehr im Ruhrgebiet schon mal richtig auf den Keks. Wenn ich aber morgens aus dem Haus gehe, weil ein Termin ansteht und ich dann vor meinem Auto stehe, hilft mir eine Veränderung meiner Haltung zum Verkehr.

Mittlerweile sage ich mir auch unterwegs immer öfter: *Roland, es ist okay, dass du im Stau stehst und es ist auch okay, dass keiner so gut fahren kann wie du selbst. Du bist früh genug losgefahren, um trotz des Staus früh genug anzukommen, also genieß die Fahrt, denn am Verkehrsaufkommen kannst du eh nichts ändern.*

Glauben Sie mir, ich sage das wirklich und dann fahre ich viel entspannter. Falls dann die Verzögerung doch so groß wird, dass ich es nicht rechtzeitig zum Termin schaffe, führe ich ein kurzes Telefonat, sodass mein Gegenüber informiert ist und ich habe ein gutes Gefühl.

Damit schaffen Sie vor allem einen *achtsamen* Umgang mit sich. Achtsamkeit heißt nämlich nichts anderes, als die momentane Situation zu beobachten und dem Gefühl, das damit einhergeht, zu erlauben da zu sein.

Versuchen Sie es mal morgens im Auto. Sie stehen im Stau, ärgern sich und merken, wie die Wut hochkommt. Normalerweise würden Sie jetzt losmeckern und alle um Sie herum verteufeln. Sie können sich jetzt aber auch liebevoll betrachten und zu sich sagen: „Es ist Stau, und ich bin darüber nicht erfreut, aber es ist okay. Ich werde wohl etwas später ankommen, aber auch das ist okay, denn ändern kann ich es eh nicht, also ich bin mit mir im Reinen."

Vielleicht ist das jetzt zu viel für Sie, aber ich sage nur: Probieren Sie es mal aus. Sie haben nichts zu verlieren. Wo Sie es auch so richtig gut üben können, ist an einer ganz normalen Supermarktkasse.

Kennen Sie das: Sie stehen an der Kasse und in Ihnen kommt das Gefühl hoch, dass Sie sich an der falschen Schlange angestellt haben. Immer geht genau an Ihrer Kasse etwas schief. Zumindest geht es mir meist so. Dann ärgere ich mich, schimpfe mit mir selbst, frage mich, warum ich Trottel so blöd sein konnte und schon nehme ich die negative innere Haltung ein, die mich absolut kein Stück weiterbringt, sondern mich nur nach unten zieht.

Also tue ich was vermehrt? Ich denke mir ganz bewusst: „Roland, hey, es ist okay. An der anderen Kasse hättest du auch wieder nur gemeckert. Nimm dir Zeit, denn die zwei Minuten länger zu warten, ist nicht schlimm. Beobachte einfach die Leute und grinse freundlich. Du hast nichts verkehrt gemacht."

Es klingt für Sie vielleicht, als hätte ich einen Schuss, aber es hilft mir und das zählt für mich letztendlich. So bin ich mit mir zufrieden und gehe auch liebevoller mit mir um.

Teil V: Praxistipps für Ihren Alltag

Was können Sie konkret tun, um Ihren ganz persönlichen Weg zu mehr Zufriedenheit und Glück zu finden und somit auch spürbar mehr Erfolg wahrzunehmen?

Dazu gebe ich Ihnen nun einige Tipps.

Optimismus: Für Menschen, die sich gerade in einer prekären Lage befinden, ist es meist schwer, etwas Positives aus der Luft zu zaubern. Das liegt wohl daran, dass wir permanent mit vielen Impulsen sowohl von außen als auch von uns selbst bombardiert werden und somit gar nicht in der Lage sind, etwas Positives konkret zu benennen.

Ich möchte Ihnen daher noch einmal meine 5-Punkte-Checkliste ans Herz legen. Sie durchzuarbeiten kann zum einen Ihrer Karriere dienen. Gleichzeitig beschäftigen Sie sich mit Ihrer eigenen Person, wobei viel Positives sichtbar wird, was Sie andernfalls gar nicht wahrgenommen oder schnell wieder vergessen hätten, weil andere Impulse auf Sie einströmen.

Akzeptanz: Um Akzeptanz zu üben, empfehle ich Ihnen etwas, was ich selbst erst vor Kurzem erlernt und als sehr positiv wahrgenommen habe. Viele von uns hadern mit sich selbst. Dazu kommen Selbstvorwürfe, weil einem manches nicht so gut von der Hand geht und man sich fragt, warum man etwas nicht kann, was anscheinend allen anderen gelingt. Man betet sich vor, man könne dies und jenes nicht und wühlt geradezu mit Leidenschaft im Negativen, weil man die eigenen Schwächen nicht akzeptieren kann.

Machen Sie doch mal ein Experiment: Sie sollten dazu mindestens zu zweit sein. Sie benötigen dafür:

12 Post-its
je eine dicke Pappe ca. DIN-A4-Format pro Person
Kordeln

Beginnen Sie damit, dass sich jeder mithilfe der Kordeln eine der Pappen um den Hals hängt. Schreiben Sie nun drei Dinge, die Sie ganz großartig an sich selbst finden, auf drei einzelne Post-its, Stärken, die Sie nicht missen möchten.,

Kleben Sie diese auf die Pappe und stellen Sie sich nun zu zweit einander gegenüber, aber nicht zu nah, so etwa zwei Meter voneinander entfernt. Ihr Gegenüber kann also wahrscheinlich nicht lesen, was auf Ihren Post-its steht.

Schließen Sie die Augen. Spüren Sie in sich hinein. Versuchen Sie ganz bewusst, eine Verbindung mit Ihrem

Atem aufzunehmen. Anschließend beschreiben Sie in Gedanken für sich, wie es Ihnen mit den Stärken geht. Versuchen Sie diese bewusst wahrzunehmen.

Dann schreiben Sie bitte auf drei neue Post-its drei Dinge auf, die Sie an sich überhaupt nicht mögen, Schwächen, die Sie am liebsten loswerden möchten. Kleben Sie diese ebenfalls auf die Pappe und schließen Sie wieder die Augen. Spüren Sie in sich hinein. Beschreiben Sie für sich in Gedanken, wie es Ihnen mit Ihren Schwächen geht und versuchen Sie, diese bewusst wahrzunehmen.

Wenn Sie und Ihr Gegenüber das gemacht haben, geben Sie ihm oder ihr nun die drei Stärken von sich ab. Wenn Sie das gemacht haben, stellen Sie sich wieder an Ihren Ausgangspunkt. Sie stehen nun mit Ihren drei Schwächen um den Hals da und fühlen auch jetzt bitte ganz bewusst nach, wie es Ihnen damit geht. Spüren Sie eine Veränderung, nachdem Sie nur noch Schwächen an sich hängen haben? Fühlen Sie bitte, wie zuvor, intensiv nach, was in Ihnen vorgeht.

Nachdem Sie das gemacht haben, geben Sie Ihrem Gegenüber auch die Schwächen. Ihr Gegenüber kennt auch diese nicht und sieht sie auch nicht unbedingt.

Nachdem Sie nun mit Ihrer leeren Pappe um den Hals wieder zurückgegangen sind, stellen Sie sich bitte wieder ganz ruhig hin, schließen die Augen und fühlen in sich hinein, wie es Ihnen ohne Ihre Schwächen geht.

Was empfinden Sie? Fehlt Ihnen etwas?

Ich habe diese Übung in einer Zwölfergruppe mitgemacht, sodass wir uns zu sechst gegenüberstanden. Alle machten die Übung mit, und alle, wirklich alle, sagten anschließend, dass sie es ganz komisch fanden, als sie ihre Schwächen nicht mehr hatten. Es fehlte etwas. Ich gehe sogar so weit, dass ich sage: Wir *vermissten* sie.

Es war ein großartiges Gefühl, zu erfahren, wie sehr wir doch das eine oder andere an uns nicht zu schätzen wissen und plötzlich wurde die Schwäche, die zu einem gehört, akzeptiert und als etwas Wertvolles angesehen. Mir hat es sehr deutlich gezeigt, dass meine Schwächen gut sind und ich wunderbar mit ihnen leben kann.

(Diese Übung wurde bei der *fitmedi* Akademie unter dem Titel „Annahme nach Tipping“ durchgeführt.)

Wie schon im Zusammenhang mit der Checkliste erwähnt, wird bei vielen Tipps und Tools auf Bereiche des *Resilienztrainings* zurückgegriffen. Ich möchte daher gar nicht weiter stumpf zu jedem einzelnen Begriff eine Übung anführen, sondern Ihnen lieber weitere Tipps geben, die letztendlich eine große Hilfe bei allen Faktoren darstellen.

Mir fällt zum Beispiel immer wieder auf, wie mir Menschen von *Altlasten* oder einem schweren *Ballast* berichten, den sie mit sich herumzutragen hätten. Allein die Begriffe *Last* und *Ballast* lösen in mir schon eine gewisse ungewollte Schwere aus. Wieso tragen sie eigentlich keine positiven Dinge mit sich herum, sondern nur negative?

Sie fragen sich, was ich jetzt wieder meine? Ganz einfach, schreiben Sie sich doch einmal auf, was Sie bisher schon erreicht haben. Lassen Sie auch hier alles raus, was Ihnen in den Kopf kommt. Hier einige Beispiele:

Führerschein für Auto, Motorrad oder Motorboot
Ihre Kinder
wertvolle Freundschaften
Partner*in
Ihre Kochkunst
usw.

Ganz gleich, was es ist, Sie finden bestimmt Dinge, auf die Sie stolz sein können, die Sie gut können oder die Sie richtig großartig an sich finden. Jede einzelne Sache schreiben Sie sich auf einen kleinen Zettel und dann legen Sie die wichtigsten davon in Ihre Jackentasche, ins Auto oder sonst irgendwo hin.

Auf meinem Bürotisch steht ein Weck-Glas, das mit solchen Beispielen gefüllt ist. In Momenten, in denen ich Gefahr laufe, in eine negative Spirale zu geraten, schaue ich mir diese Notizen an und stelle schnell eine positive Gemütsveränderung fest. Dieses Weck-Glas ist mein *Ressourcenglas*.

In dem Moment, als ich mir Gedanken darüber machte, was ich an mir gut finde und was ich gut kann, spürte ich etwas Positives in mir. Ich muss hier an eine Unterhaltung mit einer Bekannten denken, die eine derjenigen Personen ist, die sofort in große Panik geraten, wenn sie vor neuen

Herausforderungen stehen, insbesondere, wenn diese von außen aufgedrückt wurden. Sie arbeitet schon sehr viele Jahre in einem Unternehmen und hat bisher wirklich alle Aufgaben bestens gelöst.

Kürzlich saßen wir zusammen und sie erzählte mir von ihrem Dilemma. Sie sollte für einen neuen Vorgesetzten gewisse Daten aufbereiten und hatte extrem große Panik, es nicht zu schaffen. Ich hatte nun den Vorteil, dass ich sie ein wenig kenne und genau weiß, dass sie bisher alles gewuppt hat. Darum stellte ich ihr nur eine Frage:

„Wie hat es sich angefühlt, als du das letzte Mal eine aufgetragene Aufgabe so richtig in den Sand gesetzt hast?"

Ihre Reaktion war sehr schön zu beobachten. Sie lächelte und sagte ganz lapidar, dass sie das nicht sagen könne, weil sie diese Situation noch nie erlebt habe. Ist das nicht schön? Menschen malen sich so oft aus, wie sie etwas nicht schaffen werden, obwohl es dazu überhaupt keinen Anlass gibt. Ich bat sie jedenfalls, sich ein Post-it zu nehmen und nur diesen einen Satz draufzuschreiben:

Bisher habe ich alle Aufgaben, die mir aufgetragen wurden, zu vollster Zufriedenheit erledigt.

Bei unserem nächsten Gespräch bedankte sie sich bei mir für diesen Impuls, denn der Zettel klebt nun in ihrem Büro (an einer für andere nicht einsehbaren Stelle). Der Satz gibt ihr den Mut neue Herausforderungen zu stemmen.

Seien wir doch mal ehrlich. Wenn wir mal wieder so richtig mies drauf sind und uns schlecht fühlen, wenn uns etwas Wichtiges misslingt, dann kann es schon vorkommen, dass der eine oder andere denkt:

Ach, ich kann aber auch nichts
Nur mir misslingt immer alles
Immer passiert nur mir das

Schauen Sie sich dann bitte Ihre Notizen im Ressourcenglas an und schon ist es da, dieses neue Gefühl, dieses: *Ups, es ist ja doch nicht alles scheiße und ja, auch in meinem Leben geschehen gute Dinge.* Ich bin mir sogar sicher, dass Sie die Notizen im Glas gar nicht nochmals lesen müssen. Allein das gefüllte Glas zu sehen und zu wissen, dass es da ist, wird Ihnen sehr helfen.

Ich bin mir ganz sicher, dass allein dadurch eine optimistische Sicht auf die Zukunft trainiert wird. Gleichzeitig verlassen Sie so ein wenig die Opferrolle und sind dadurch eher in der Lage, Verantwortung für sich selbst zu übernehmen. Jede Veränderung zu etwas Positivem bedingt genau das. Wenn Sie eines Tages verinnerlicht haben, dass Sie kein Opfer sind, sondern dass das Hinfallen für das Aufstehen wichtig ist, dann haben Sie schon eine Menge erreicht.

Ich müsste wirklich lügen, wenn ich jetzt behaupte, dass ich in den Momenten, als meine Schicksalsschläge oder allgemeinen Niederschläge passierten, ich im privaten Bereich alles toll gefunden hätte. Nein, ich fand es echt Mist. Aber wenn ich heute zurückschaue, war wohl jeder einzelne „Faustschlag ins Gesicht" nötig, damit ich mein Leben heute viel mehr wertschätze.

Mir ist absolut bewusst, wie es unten im Tal ausschaut. Oben auf dem Berg, da ist die Aussicht um vieles schöner. Also raus mit den negativen Gedanken und überlegen Sie ganz intensiv, was Ihr Leben *sofort* schöner machen könnte. Stellen Sie sich mal vor, Sie würden mit den Fingern schnipsen und alles wäre genauso, wie Sie es sich wünschen. Was würden Sie sich wünschen? Welches Ziel hätten Sie? Schreiben Sie sich bitte Folgendes auf:

> Wie fühlt sich Ihr erreichtes Ziel gerade konkret an?
> Was waren die konkreten Schritte zu Ihrem Ziel?
> Hatten Sie Unterstützung beim Erreichen Ihres Ziels?

Ich muss dabei immer wieder auf mein eigenes Vision Board schauen. Mein großer Wunsch und mein Ziel ist es ja, eines Tages als Speaker auf der Bühne zu stehen, um Menschen zu motivieren und ihnen einen Anreiz zu geben, selbst aufzustehen. Diese Vorstellung bewirkt bei mir ein großes Glücksgefühl und ich überlege schon meine nächsten Schritte. Ob ich es dann tatsächlich genauso hinbekomme, wie ich es mir vorstelle – keine Ahnung. Aber ich bin mir sicher, dass ich erheblichen Anteil am Gelingen habe, wenn ich alles dafür tue.

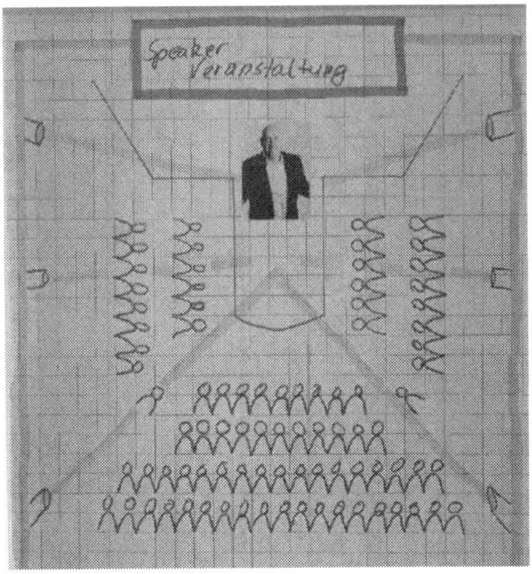

Dazu gehört dann auch das sogenannte Netzwerken.

Hand aufs Herz, wäre ich Coach geworden, wenn mir nicht seinerzeit Torsten Pyzalski diesen Floh ins Ohr gesetzt hätte? Ich weiß es nicht genau, denn anscheinend ist dies meine Bestimmung. Aber ob ich es ohne seine Ratschläge in die Tat umgesetzt hätte? Ich glaube nicht. Hätte ich ohne sein Netzwerk die Designerin für meine Homepage kennengelernt? Ich glaube nicht. Auch die vielen Unterhaltungen mit Freunden und Kollegen nähren mich mit neuen Ideen und Impulsen und ich freue mich immer, wenn ich anderen Menschen mit kleinen Impulsen zu etwas Großem verhelfen kann.

Kennen Sie den folgenden Satz?

Ich kenne da jemanden, der hat einem Freund von mir geholfen. Ich gebe dir seine Telefonnummer. Ruf ihn doch einfach mal an.

Dieser Satz kann wahre Wunder bewirken. Und falls der Kontakt nicht weiterhelfen kann, kennt gerade der vielleicht die richtige Person dafür. Ich weiß, das klingt jetzt ein wenig nach Arbeit, aber ich denke, dass sie sich zum Erreichen eines Ziels lohnen kann. Zumindest sollten Sie es sich wert sein.

Wenn Sie ein Ziel haben und es konkret benennen können, befassen Sie sich ausgiebig mit der Planung. Mir persönlich hilft dabei ein *Selbstmanagement Tool*, das ich Ihnen hier kurz vorstellen möchte. Es gibt übrigens eine Menge verschiedener Tools. Hier nur drei Beispiele:

Prioritäten-Liste
ABC-Analyse
Eisenhower-Prinzip

Welches das richtige Tool für Sie ist, werden Sie selbst herausfinden, wenn Sie sich ein wenig damit beschäftigt haben.

Ich persönlich finde die *Alpenmethode* sehr attraktiv, weil sie so herrlich einfach zu handhaben ist. Ich bin eh ein großer Freund von unkomplizierten Dingen. Wichtig ist für mich immer, dass mir etwas schnell und effizient hilft und mich auf dem Weg zu meinem Ziel unterstützt.

Die Alpenmethode ist genauso ein Tool. Das Wort *Alpen* ist eine Art Eselsbrücke, indem jeder Buchstabe davon für einen ganz bestimmten Begriff bzw. eine Maßnahme steht:

A = Aufgaben, Tätigkeiten zusammenstellen
L = Länge der einzelnen Aufgaben benennen
P = Pufferzeiten einbauen
E = Entscheidungen treffen
N = Nachkontrolle

Gerne nenne ich hier ein simples Beispiel: Wenn ich Termine koordiniere, die mit Fahrstrecken verbunden sind, notiere ich mir zunächst die Termine oder Aufgaben. Dann denke ich darüber nach, wie lange ich zu jedem einzelnen Termin fahren muss und vergesse auch nicht das starke Verkehrsaufkommen beispielsweise zu Stoßzeiten. Anschließend baue ich mir Pufferzeiten ein, damit nicht so leicht etwas Unvorhergesehenes den kompletten Termin zerschießt.

Meist führen mehrere Wege zum Ziel, also muss ich mich im Vorfeld für einen entscheiden. Wenn ich alles beachtet und fertig geplant habe, mache ich abends meist noch eine Nachkontrolle, um meine Planung zu überprüfen.

Mir geht es in diesem Beispiel um eine ganz einfache und nachvollziehbare Schilderung, um Ihnen eine Möglichkeit aufzuzeigen. Was immer Sie schließlich selbst unternehmen möchten, um Ihrem Leben eine positive Wendung zu geben, wichtig ist hierbei vor allem Ihre ganz persönliche Haltung zu sich selbst. Ich kann es nur gebetsmühlenartig wiederholen: Alles fängt bei Ihnen selbst an. Seien Sie es sich wirklich wert und dann suchen Sie sich bitte Unterstützung. Das kann jemand aus Ihrem Bekanntenkreis sein oder auch eine professionelle

Beratung. Wer es auch ist, fangen Sie heute noch an den Sündenböcken Ihres Lebens in den Arsch zu treten.

Schlusswort

Ich möchte mich von ganzem Herzen bei den Menschen bedanken, die in meinem direkten oder indirekten Umfeld leben und mir ganz bewusst oder auch unbewusst eine große Hilfe waren und mir Impulse gaben. Es ist mir eine Herzensangelegenheit, euch allen meinen Dank auszusprechen, denn ohne euch hätte ich es nicht geschafft. Mein Dank gilt:

– Andrea, meiner Frau, die es seit vielen Jahren mit mir aushält.

– meinem Bruder. Er schnürte mir die Schuhe zu, als ich es nicht konnte.

– meinen Eltern. Auch wenn ich mich unendlich oft über sie aufregen kann, liebe ich sie. Sie sind meine Wurzeln und das ist gut so. Ohne sie hätte ich mich nicht zu diesem Menschen entwickeln können, der ich heute bin. Allein die Tatsache, dass ich in vielen Aspekten nicht so werden wollte wie sie, stieß meinen Entwicklungsprozess an.

– Torsten Pyzalski, den ich über das Bewerbungscoaching kennenlernte und der mir ganz bewusst den Impuls in Richtung Coach/Trainer gab. Er wurde zu einem guten Freund. Ihn und sein Unternehmen *Siebenmarketing* schätze ich beruflich und privat sehr.

– Jürgen, meinem guten Freund aus der Ausbildungszeit. Ich danke dir, Jürgen, für die vielen stundenlangen Gespräche über Weltansichten und Möglichkeiten, sich persönlich zu entwickeln, aber vor allem dafür, dass du mir unbewusst als Vorbild dientest. Ich weiß nicht, ob ich mich getraut hätte, nach Südafrika zu fahren, wenn du nicht mal im Ausland gelebt hättest. Ich weiß auch nicht, ob ich mich getraut hätte, mich selbstständig zu machen, hättest du es nicht zuerst probiert. Unsere WG-Zeit war wirklich klasse.

– Fred und seiner tollen Familie. Ihr seid mir wie eine zweite Familie ans Herz gewachsen. Eure Kinder sind einfach der Hammer. Du weißt, mein Freund, das hast du deiner Frau Sandy zu verdanken. Ich kenne keine so warmherzigen und großzügigen Menschen wie euch.

– Christoph, einem treuen und ehrlichen Weggefährten, der mich jetzt schon seit unserer gemeinsamen Ausbildung begleitet.

– Roman, ebenfalls ein sehr guter Freund, der mir seit über dreißig Jahren sehr oft ein guter Zuhörer war und mir durch seine ruhige Art und seine Ratschläge immer wieder Wege aufzeigt, die ich in unruhigen Momenten nicht sehen kann.

– Sandra Rösemeier. Wir lernten uns bei einem Erfahrungsaustausch für Schlaganfallpatienten kennen, und von da an hast du, liebe Sandra, an mich geglaubt und mir mit Ideen und Impulsen geholfen.

– Harald Löwy. Auch dir kann ich nur danke sagen. Wir haben uns zwar fast zwanzig Jahre nicht gesehen, aber du warst jahrelang in und nach der Schulzeit wie ein seelischer Zwillingsbruder für mich.

– Harald Gutberlet, ein treuer Freund meiner Eltern. Du bist mir auch ans Herz gewachsen, nicht weil du unserer Familie mit den richtigen Diagnosen als Arzt stets weitergeholfen hast, sondern weil du so bist, wie du bist.

– Damir und meinem Oberarzt, die mich im Koma am Leben erhielten und mit ein, zwei eindringlichen Sätzen den Impuls für meinen heutigen Weg gaben.

– den Pflegern, die auf den Stationen, auf denen ich lag, immer wieder dafür sorgten, dass alles funktioniert. Ihnen kann ich gar nicht genug danken.

– den Ergotherapeuten, die mich in Bewegung hielten.

– Kirsten R., die die Idee zu meinem Logo hatte und mich immer wieder mit ihrer Kreativität inspiriert.

Ich danke außerdem all denen, die mich in meinem Leben auf unterschiedlichste Art und Weise inspiriert haben.

Printed in Poland
by Amazon Fulfillment
Poland Sp. z o.o., Wrocław

60025000R00085